图像里的中国
China in Pictures

历史的兴衰

王海晨 杨晓虹 王希哲 编著

上海科学技术文献出版社
Shanghai Scientific and Technological Literature Press

图书在版编目（CIP）数据

历史的兴衰 / 王海晨，杨晓虹，王希哲编著 . —上海：上海科学技术文献出版社，2019
（图像里的中国）
ISBN 978-7-5439-7865-2

Ⅰ . ① 历… Ⅱ . ①王…②杨…③王… Ⅲ . ①中国历史—研究 Ⅳ . ① K207

中国版本图书馆 CIP 数据核字（2019）第 065657 号

策划编辑：张　树
责任编辑：李　莺
封面设计：樱　桃

历史的兴衰
LISHI DE XINGSHUAI
王海晨　杨晓虹　王希哲　编著
出版发行：上海科学技术文献出版社
地　　址：上海市长乐路 746 号
邮政编码：200040
经　　销：全国新华书店
印　　刷：昆山市亭林印刷有限责任公司
开　　本：720×1000　1/16
印　　张：10.25
字　　数：146 000
版　　次：2019 年 5 月第 1 版　2019 年 5 月第 1 次印刷
书　　号：ISBN 978-7-5439-7865-2
定　　价：58.00 元
http://www.sstlp.com

图像里的中国
TUXIANG LI DE ZHONGGUO
历史的兴衰

目 录
CONTENTS

远古中国人 / 2

探索中的夏文化——二里头文化 / 20

春秋五霸 / 46

秦始皇：中国历史上的第一个皇帝 / 84

汉高祖刘邦：中国历史上的第一个布衣皇帝 / 114

汉武帝刘彻 / 134

历史的兴衰

远古中国人

提到一个古老国家的历史，人们最先关注的一个问题是这个国家的历史始于何时，就像提到一条河流，人们经常要追问它发源于何处一样。而历史的源头不像河流那样清晰可寻，这是一个看似简单却令历史学家备感头痛的问题。由于能证明远古人类存在的证据主要是人类化石，所以欲回答这一问题只能借助于考古学和古人类学的研究成果。

在中华大地上，早在地质时代的更新世早期就留下了远古人类活动的足迹。20世纪20年代以来，在中国境内，北起辽河，南到

北京猿人复原像

自1918年瑞典地质学家J.G.安特生（J.G. Anders-son）在北京周口店发现哺乳动物化石开始，经过多次发掘，前后发现了6个比较完整的人头盖骨化石以及大量的头骨碎片、肢骨和牙齿化石等，这些化石分属于40多个不同性别和年龄的个体

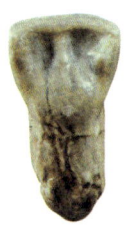

元谋人牙齿化石

珠江,许多地方发现了远古人类的遗址,元谋人、北京人和山顶洞人遗址是其中最主要的代表。这些文化遗址虽然比较分散,但可贵的是,自直立人(猿人)——早期智人(古人)——晚期智人(新人)的各个阶段没有缺环,通过这些化石可以廓出一幅较为完整的人类进化序列图。

猿人时代

大约从人类起源一直到距今50万年以前属于猿人时代。大量的考古发现证明,现代中国人的祖先在这一时代,既度过了自身的成长过程,又经历了人类历史的开端。元谋人是目前中国境内已知较早的人类之一,距今约170万年,因1965年在云南元谋县发现两枚人类牙齿化石而得名。牙齿对研究人类的演化与发展有着重要价值。除头盖骨外,古人类牙齿化石是考古人员梦寐以求的珍宝。

自元谋人开始,经过100多万年的进化,到了北京人时期,猿人平均脑容量比类人猿大了一倍,手脚分工明显,上肢发展与现代人基本相同,手是主要的劳动器官,下肢骨比较接近现代人。北京人比元谋人更为进步的是他们已经能够控制用火。北京人居住过的洞穴中有厚达数米的灰烬层,灰烬中有被火烧过的兽骨、朴树籽和紫荆木炭块,说明北京人已经懂得保存火种,懂得用火烧熟食物。

古人时代

中国古人，即早期智人，生活在距今一二十万年以前，相当于考古学上的旧石器时代中期。现已发现的中国古人的化石标本很丰富，比较重要的有东北地区的金牛山人、西北地区的大荔人、江南地区的巢县人、岭南地区的马坝人等。从总体特征来说，中国古人比猿人脑盖较薄，脑容量较大，说明其智力已有明显发展。新人时代打制石器的技术有所提高，石器形状比较规整，类型比较确定，种类也有所增加，表明当时的技术和生产力水平较猿人时代更进一步。

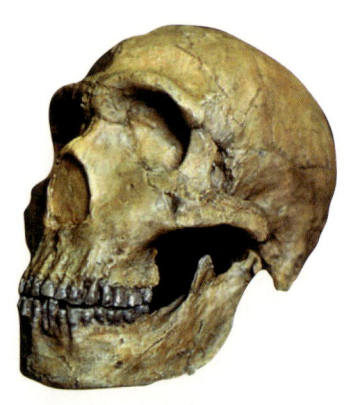
早期智人头骨化石

山顶洞人头骨化石

新人时代

大约在距今 5 万年前，地质年代进入晚更新世，人类体质也发展到晚期智人阶段，晚期智人又称新人。新人生活在距今约 5 万至 1 万年以前。中国境内发现的新人遗址几乎遍及全境，各地新人化石的共同特点是脑容量增加，额部丰满，眉弓变矮，吻部后缩，牙齿变小，颏部突出，蒙古人种的大多数基本特征都已具备，中国晚期智人应是现代中国人的直系祖先。

新人时代已进入母系氏族社会。新人中具有代表性的是山顶洞人，山顶洞人居住在北京龙骨山山顶洞穴中，生活方式除了采集与狩猎外，还会捕获水生动物；会使用骨针连缀兽皮，用来遮蔽身体，抵御风寒；会磨制一些小石珠、石坠佩戴在身上装扮自己。山顶洞人已经能够人工取火，这比北京人进了一大步。

从猿人、古人、新人的人骨化石中可以看出，他们的发展具有明显的承袭性与连续性。如蒙古人种特有的铲形门齿，从最早的元谋人，经过金牛山人、北京人到山顶洞人都是一脉相承的。一些重要的体质特征，如面部较扁、鼻部较宽等，在各阶段的化石标本中都可以见到。丰富的古人类化石及其体质特征表明，中国应是蒙古人种的故乡。

山顶洞遗址发现的骨针

山顶洞遗址发现的装饰物

山顶洞人复原像

 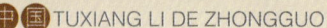

历史的兴衰

盘古

盘古开天辟地

中国人自古以来就十分重视历史,在没有文字记载的岁月里,中国人和其他民族一样,流传着许多神话。盘古开天辟地就是其中之一。

这个神话说的是在天地开辟之前,天地混混沌沌,外形如同鸡蛋,内里充满清浊二气,盘古孕育其中,经过一万八千年,盘古出生。他用巨斧把这一团混沌劈了开来,清净的气体往上浮形成了天,混浊的气体往下沉形成了地。

天和地被劈开后,盘古怕它们再合拢起来,就用头顶着天,脚踩着地,身体随着天地的变化而变化。天升高一丈,地加厚一丈,盘古也长高一丈。

不知过去了多少年,天和地终于被盘古固定住了,但盘古累倒了。

盘古临死时,将自己的整个身躯化成了世间的万事万物。鼻子里呼出的气化作了风云,口中发出的声音化作了雷霆,左眼变成了太阳,右眼变成了月亮,四肢变成了地的四极,五体变成了五岳,血液化作了江河,筋脉化作了道路,皮肤肌肉化作了肥田沃土,皮肤上的汗毛变成了草木,牙齿和骨头变成了金属和岩石,精液和骨骼变成了珍珠美玉,流下的汗水变成了润泽万物的甘露……

神话不是真的,但人们喜欢它,中国人一谈起历史,常常从"盘古开天地"说起。

彩陶鱼鸟纹细颈瓶和双耳尖底陶瓶,新石器时代仰韶文化

相关链接

仰韶文化

新石器时代晚期文化，年代距今约 7000—5000 年。因最早发现于河南渑池仰韶村而得名。分布地域：东至河北中部，南达汉水中上游，西及甘肃洮河流域，北抵内蒙古河套地区。生产工具以磨制石器为主，常见的有刀、斧、锛、凿、箭头、纺织用的石纺轮等。彩陶发达，仰韶文化的最明显特征是陶器上常有彩绘的几何形图案或动物形花纹。仰韶文化出现了布局整齐的村落。学术界一般认为，仰韶文化已经进入氏族社会阶段。

女娲补天的神话

盘古开天地，但天地之间没有人类。女娲用黄土和水，仿照自己的样子造出了一批批小泥人。为了让人类永远繁衍下去，她还教会人们"造人"的方法。

人类繁衍起来了，忽然水神共工和火神祝融打起仗来，结果火神胜了，水神不服，一怒之下，撞向位于西北的擎天柱——不周山。不周山崩裂了，天往下塌，地往上升，洪水开始泛滥，瘟疫流行，人类面临着空前的大灾难。

女娲看着自己创造的泥人马上就要"重归于土"，无比痛苦。于是，她用火将地上的五色石熔化成浆，用这种石浆补天；接着又斩下一只大龟的四脚，将塌下来的半边天重新支撑起来；又将大量芦草烧成灰，堵塞泛滥的洪水。

经过女娲一番辛劳，天补上了，洪水止住了，可天地都留下了修补过的痕迹。天上的太阳、月亮为什么都从东方滑向西方，中国境内的江河为什么都从西北流向东南，这是因为经过修补过的天向西北倾斜，经过修补的地向东南倾斜。

女娲的名字最早出自屈原的《天问》，女娲抟土造人，说明这一神话产生于母系社会。有学者经过研究，提出更具体的产生背景，认为女娲补天的神话可能起源于史前一次较大的陨石撞击，撞击造成了空前的天文、地质灾难，甚至造成文化断裂。灾害过后，又逐渐形成了新的古代文化，而这一灾害历经一代又一代的传说，最终演变为"女娲补天"的神话。

中国的亚当和夏娃，《伏羲女娲图》

伏羲和女娲画像石，东汉

历史的兴衰

《人类起源图》局部,西藏拉萨布达拉宫藏
在藏族神话传说中,神猴是人类的祖先。这幅人类起源图表现了经菩萨点化后,神猴逐渐成人的传说故事

传说中的三皇五帝

中国的创世神话不止盘古和女娲,还有三皇五帝,这些传说的产生,多是后人对以往历史的逻辑推测,将人类经过长期共同奋斗而积累的经验、成果,包括重大科技发明附丽在几个人身上。

现在看来,虽说三皇五帝是古代的帝王,实际上只不过是夏朝以前的部落首领。而且,所谓三皇五帝也不过是一种整齐化的说法,不同的著作不仅对他们的排列顺序多有不同,就连三皇五帝究竟是哪几个人也莫衷一是。

三皇:①燧人、伏羲、神农(《尚书大传》);②伏羲、女娲、神农(《风俗通义》);③伏羲、祝融、神农(同上);④伏羲、神农、黄帝(《古微书》)。

伏羲坐像,宋马麟

木雕三皇图

猪形灰陶，长 21.5 厘米、通高 18.5 厘米。新石器时代大汶口文化

兽形灰陶，口径 5.4 厘米、长 26 厘米、通高 21.5 厘米。新石器时代大汶口文化

五帝：①黄帝、颛顼、帝喾、尧、舜（《大戴礼记》）；②庖牺、神农、黄帝、尧、舜（《战国策》）；③太昊、炎帝、黄帝、少昊、颛顼（《吕氏春秋》）；④少昊、颛顼、帝喾、尧、舜为五帝（伪《尚书序》）。

上述诸说中，以燧人氏、伏羲氏、神农氏为三皇，以黄帝、颛顼、帝喾、帝尧、帝舜为五帝说，流传最广。实际上，无论三皇五帝所指为谁，他们都是中国祖先处于史前各个不同文化阶段的一种象征，他们的事迹代表的是中国传说时代的历史。

燧人氏是传说中发明钻木取火的人，这样的传说固然带有后人对生活的理解，蒙上了一层神秘的外衣，但通过这一传说依然可以觅得到远古人类生活的真实背景。

人工取火的发明结束了人类茹毛饮血的时代，开创了人类文明的新纪元。所以，燧人氏一直受到人们的敬重和崇拜，并尊他为三皇之首，奉为"火祖"。

伏羲氏，中国文献记载中最早的大发明家之一。古书中记载，伏羲氏发源于成纪（今天陇西天水），发展壮大后，沿着渭河谷地进入山西太行山一带，而后折向东南，最后都于陈（河南）。这一活动区大体与仰韶文化古遗址的分布区相吻合。

伏羲氏仰观天文、俯察地理，以 8 种简单却寓意深刻的符号来解释天地万物的演化规律和人伦秩序,这就是八卦。

他还模仿自然界中的蜘蛛结网而制成网罟,用于捕鱼打猎。

神农氏就是中国传说时代的炎帝。炎帝部落定居在西北高原一带,后来东进至华北平原,在阪泉(今河北涿鹿东南)被黄帝部落击败后,两个部落进行合作,结成强大的炎黄部落联盟。战国以后有些学者认为炎帝即神农氏。把炎帝奉为农神,可能是因为炎帝与农业部落有关。

神农尝草图

神农氏为人类生存做出的最大贡献是教民农耕、勇尝百草。他发现扔在地上的瓜子、果实、谷粒会生根发芽,长出新的瓜蔓、果树和谷物,就试着栽培,以补充渔猎的不足。可是,哪些果实、根茎能吃,哪些有毒不能吃,谁也说不清。神农氏不顾个人安危,将采集到的各种植物一一品尝,并仔细地记录下来。他还为栽培植物试制成功了耒耜等农具,开创了原始农业,使人类生活有了可靠的保障。

神农教民耕种,还发明了陶器,陶器是与农耕同时出现的,被誉为继火的使用之后的又一大创举。

相传神农氏曾跋山涉水,尝百草,以救苍生,后因误食"火焰子"肠断而死。中国古代第一部药学著作就托名为神农所作,称为《神农本草经》。

北京故宫"蟠龙藻井"

蟠龙做工精美、栩栩如生,仿佛呼之欲出,最吸引人的还是蟠龙口中所含的那颗宝珠了。宝珠名为"轩辕镜",相传是上古黄帝所发明,后世帝王为了标榜自己是黄帝的正统继承者,往往要在皇宫内使用它

历史的兴衰

黄帝像

黄帝是传说中华夏民族的始祖,姓公孙,居轩辕丘,其父少典为有熊国国君,故号轩辕氏,亦称有熊氏。

黄帝本姓公孙,后改姓姬,名轩辕,是距今约4700年前我国远古社会的传奇领袖,因崇尚土德,所以后人尊称为黄帝。相传他有25个儿子,分别得12个姓。后来的唐、虞、夏、商、周、秦都是这12个姓的后代;苗、戎、狄、毛、匈奴等少数民族都承认是黄帝的后裔,所以黄帝被视为中华民族的共同祖先。后人尊他为中华民族的始祖,自称是黄帝的子孙,又称"炎黄子孙"。

黄帝部落,兴起于姬水(今陕西境内),后沿洛水南下,东渡黄河,到达山西南部、山东黄河之滨及河北一带。与此同时,炎帝

相关链接

大汶口文化

大汶口文化是黄河下游地区新石器时代晚期重要的遗存之一。因最早发现于山东泰安县大汶口遗址而得名。主要分布范围:山东省的大部分地区和江苏省的淮北、安徽省的东北部。年代为公元前4300—前2500年。

大汶口文化的居民除从事渔猎和采集外,还从事以种植粟为主的农业生产。生产工具有石制的斧、铲、刀等,骨角制的锄、鱼镖、鱼钩等。居民饲养猪、狗等家畜。制陶业较发达,小型陶器开始用轮制法生产。大汶口文化源于北辛文化,后继为山东龙山文化。该文化居民一般被认为是中国古代的东夷族。

14

收获弋射画像砖,东汉,四川大邑出土

部落其发展路线较黄帝偏南,沿渭水、黄河向东,到达河南、山东一带。在氏族部落的不断繁衍过程中,炎帝部落与东南的黎族部落发生冲突,炎帝战败,向黄帝求援。黄帝和炎帝联合,与蚩尤率领的九黎部落发生了"涿鹿之战",蚩尤大败。传说打败蚩尤后,黄帝又与炎帝族在阪泉发生大战,黄帝统率以熊、罴、貔、貅、虎等野兽为图腾的氏族参加战斗,打败了炎帝部落,统一了黄河流域的大片土地,各部落尊轩辕为天子。从此,黄帝部落定居中原,其势力不断壮大。

大概正是这个原因,后人把这个时期的许多发明创造都传作是黄帝的功绩。传说在他的领导下,黄河流域已从渔猎采集、漂泊流徙的"野蛮"生活,跨进了铜石并用的农业经济时代。人们开始用玉石作兵器,懂得了造船渡河,学会以车代替人背马驮,染五色衣裳。黄帝妻子嫘祖教人民养蚕。黄帝还命令大臣仓颉造文字、大挠造干支、伶伦制作乐器等等。

颛顼，姓姬，号高阳氏，居住河南濮阳一带，相传是黄帝的孙子。20岁时，黄帝将帝位传给了他。即位后，进行了一系列政治改革，包括宗教改革。被黄帝征服的九黎族，到颛顼时，仍信奉原始巫教，杂拜鬼神。颛顼下令禁绝巫教，强令他们顺从黄帝族的教化，促进了族与族之间的融合。据历史记载，他统治的地域比黄帝时还要大，北到现在的华北平原，南到岭南，西到现在的陕甘一带，东到东海中的一些岛屿，都是他统治的范围。颛顼子孙很多，屈原也自称是颛顼的后裔。

唐尧，中国古代传说的圣王，《尚书》和《史记》都说他名叫放勋。后代又传说他姓尹祁，是帝喾的儿子、黄帝的五世孙，因封于唐（今河北唐县），史称"唐尧"。相传在他统治期间曾设立天文官，专门观察日月星辰的变化，以制定历法、区分时令。尧被视为仁君的典范，一生勤俭朴素，喝野菜汤，穿麻布衣，住茅草房，办事公正，重用贤臣。经过尧几十年的治理，九族和睦，四夷咸服，天下太平。

唐尧

尧的传说最为人们称道的，是他不传子而传贤，禅位于舜，不以天子之位为私有。

经过3年各种各样的考察，尧决定将帝位禅让于舜，自己退居避位，28年后去世，举国哀痛，百姓如丧父母。3年内，"四方莫举乐，以思尧"，人们对他的怀念之情甚为深挚。

舜与尧一样，同是先秦时期儒墨两家推崇的古昔圣王。而舜对于儒家又有特别的

舜帝像

舜帝，历来与尧并称，为传说中的圣王。姓姚，传说目有双瞳而取名"重华"，号有虞氏，故称虞舜。传说是颛顼的七世孙，距黄帝九世

意义。儒家的学说重视孝道，舜以孝著称，所以他被儒家视为典范。孟子就极力推崇舜的孝行，倡导人们做舜那样的孝子。

舜虽为颛顼后裔，但五世为庶人，家境清贫，父亲是盲人，早年丧母，经历坎坷。相传舜品德非凡，20岁时，即以孝行而闻名故里。

舜执政以后，有一系列的重大政治行动：重新修订历法，举行祭祀天地四时、祭祀山川群神的大典；还把诸侯的信圭收集上来，择定吉日，举行隆重典礼，重新颁发信圭。他即位的当年，就

禅让制

中国原始社会末期推选部落首领的制度。传说黄帝以后，在黄河流域的部落联盟出现了尧、舜、禹三个著名的领袖。关于他们"禅让"的故事，古书有不少的记载。

尧在位70年，晚年感觉到有必要选择继任者。有人推荐他的儿子丹朱做继承人，他认为丹朱凶顽不可用。后来尧召开部落联盟议事会议，讨论继承人的人选问题。大家都推举德才兼备的虞舜。尧很高兴，把自己的两个女儿娥皇、女英嫁给舜，并考验了3年，认为舜可以胜任，就命舜摄位行政。尧死后，便由舜继任为首领。舜继位后，也用同样的方式选拔首领。经过治水考验，禹在舜死后便成为首领。禹继位后也先用同样的方式选拔继承人。这种经过民主方式推选首领的方法，反映了中国原始社会末期的军事民主制传统。

禹死后，他的儿子启以父传子的方式继承了王位，以后历代相沿。禅让制遂废。

到各地巡守，祭祀名山，召见诸侯，考察民情；还规定以后5年巡守一次，考察诸侯的政绩，明定赏罚。

按照《史记》所载，舜摄政28年，尧才去世。舜于3年的丧事完毕之后，便让位给尧的儿子丹朱。但天下诸侯都去朝见舜，都不把丹朱放在眼里。舜觉得人心所向，天意所归，无法推卸，遂回到都城登上天子之位。

尧死以后，舜在政治上又进行一番大的兴革。命禹担任司空，治理天下水土；命弃担任后稷，掌管全国农业；命契担任司徒，推行教化举措；命皋陶担任"士"，执掌刑法；命垂担任"共工"，掌管百工之事；命伯夷担任"秩宗"，主持礼仪；命夔为乐官，掌管音乐和教育。还规定对官员政绩3年考察一次，按三次考察结果决定其升迁。通过这样的整顿，"庶绩咸熙""四海之内咸戴帝舜之功""天下明德皆自虞帝始"，呈现出前所未有的清平局面。

舜在年老的时候，与尧一样，禅位让贤。

据说舜在尧死之后，在位39年，到南方巡守时，死于苍梧乡野，葬于江

圭，也作"珪"，古玉器名

古代帝王为便于统治，命令各部落主定期朝觐，为表示他们身份等级的高低，帝王赐给每人一件玉器，在朝觐时持于手中，作为他们身份地位的象征。这件玉器就是信圭。信圭呈扁平长条形，下端平直，上端作等边三角形。形制大小因爵位及用途不同而异

龙山文化蛋壳高柄杯

南九嶷山，称为"零陵"。

中国的传说时代，虽然蒙有一层蒙昧和神秘，但不能否认的是，这是一个充满勃勃生机的时代，也是一个令人们每每想来都为之振奋不已的时代，又是一个创造发明不断涌现的时代。当然，也是社会剧烈动荡的时代，动荡之中，又英雄辈出，尽管几乎每个英雄个体身上都带有后人想象和神化的色彩，都过多地集中了那个时代更多杰出人物的因素，但作为一个时代，它迈出的每一步、每一项创造发明，都是真实的，而且是无可争议的。中华文明的曙光切切实实是从这个时候开始冉冉升起的。

相 关 链 接

龙山文化

龙山文化是铜石并用时代文化，泛指黄河中、下游地区约在新石器时代晚期的一类文化遗存。因发现于山东章丘龙山镇而得名，距今约4500—4000年。分布于黄河中下游的山东、河南、山西、陕西等省。这个时期生产工具的数量及种类均大为增长，快轮制陶技术比较普遍，磨光黑陶数量较多，尤其是蛋壳黑陶最具特色，所以也叫它"黑陶文化"。

探索中的夏文化
——二里头文化

如果说，一些古代学者为了将混乱的、支离破碎的传说时代的历史理出一个头绪，可能会将一些本不相干的人物拉到了一起，甚至将毫无血缘关系的人排到了一个谱系之中，将许多人、几代人、不同地域的人所做的事情说成是几个人，甚至说成是一个人所为，因而在一定程度上使这段历史变得不那么可信了。那么，自从考古学出现以来，地下发掘出来的大量遗存，不仅使这段历史的线索逐渐清晰起来，也使许多传说由不可信变得可信了，还使《尚书》《史记》等古书对传说历史的记载变得更加可信。就目前而言，至少夏代的历史是这样的。

夏禹王像

禹，传说中夏朝的第一个王。尧曾派鲧治水，结果9年不成。舜即位后，杀了鲧，让鲧的儿子禹治水。禹改变了鲧筑堤堵水的做法，改用疏通河道的办法，经过13年的努力，终于把洪水引到大海里去了。因禹治水有功，舜让位于禹

炊器，二里头文化，1973年河南省偃师县二里头出土

夏禹王像

先秦文献，常以三代指称夏、商、周，把夏朝看成是同商、周一样的王朝，而且是三代之首。可夏朝并无文献流传，所谓《夏书》也不是夏朝形成的，充其量是后人的追记。所以，有人说，根据《夏书》写成的《史记》也不一定是信史，夏朝实际上是和五帝时代一样，属于传说时代。

20世纪50年代末开始，随着二里头文化遗址的发现，夏代历史真的露出冰山一角，经过将近半个世纪的挖掘和争论，学术界怀疑的迷雾终于在20世纪末开始消散，"二里头文化是夏文化"的观点日益成为中外学术界的主流观点。有学者称："殷墟的发现曾震惊了世界，二里头将像20世纪的殷墟一样，引领21世纪的中国古代文明研究走向新的辉煌。"

二里头文化，属于中国青铜时代文化。年代约自公元前21世纪至前17世纪。主要分布在河南中、西部的郑州附近和伊、洛、

颍、汝诸水流域以及山西南部的汾水下游一带。现已发现遗址近百处。这种文化遗存最早于1952年在河南登封玉村发现。1959年起，专家们发现河南偃师二里头遗址更具典型性，故将这种类型的遗存命名为二里头文化。

二里头遗址

二里头遗址位于今河南偃师境内的洛阳盆地中，为中原文明的腹心地区。盆地内是广袤的平原，自古被认为是"天下之中"，帝王选建都城的地方。二里头遗址就坐落于洛阳盆地东部、古伊洛河北岸的台地上，它的西面距离汉魏洛阳故城约5千米，距离隋唐洛阳城约17千米，它的东北距偃师商城6千米。遗址背依邙山，南望嵩岳，前临伊洛，后据黄河，地理位置十分优越。

豆，二里头文化

知识窗

夏朝名称的来历

中国人讲"名不正，言不顺，言不顺，则事不成"。所以，每个朝代的创建者最重要的一件事就是确立国号（朝代名称）。国号就是一个国家的称号。《史记·五帝本纪》："自黄帝至舜禹，皆同姓而异其国号，以章明德。"

综观中国各朝代的名称，大致来由如下：（1）由部族、部落联盟的名称演变而来；（2）来自开国者原有的封号或爵位；（3）源于创建者原来的统治区域；（4）源于宗族关系；（5）开国者对自己的美誉。

夏朝为何称夏？一说，"夏"的名称始于禹。禹曾受封为夏伯，所以称他的政权为"夏"。另一说始于启，禹的儿子启西迁大夏（山西南部）后，才称"夏"。

二里头宫殿复原图

　　二里头遗址现存面积约 300 万平方米，沿古伊洛河北岸呈西北—东南向分布，东西最长约 2400 米，南北最宽约 1900 米。遗址的中心区分布着宫殿基址群、铸铜作坊遗址和中型墓葬等遗存。遗址的西部地势低于东南，为一般性居住活动区。

　　二里头文化发现的遗存非常丰富，所体现的社会结构也相当明显。既有前所未见的大型宫殿式建筑基址，也有中小型地上建筑房基，还有半地穴、地穴式和窑洞式房屋。宫殿式建筑面积上万平方米。

　　目前已公布的二里头文化的宫殿遗址共有两处，即一号和二号。一号宫殿基址呈正方形，东西长约 108 米，南北宽约 100 米，总面积约 1 万平方米。这座台基基本上是坐北朝南，高出地面约 0.8 米，四周边缘为缓坡，夯土台基上建有成体系的建筑群，包括堂、庑、门、庭等建筑单体。

　　二号宫殿基址略小于一号基址，根据现存的墙基、檐柱洞和柱础石分析，建筑格局与样式，与一号宫殿基本相同。

　　二里头宫城基址是迄今可确认的中国最早的宫城遗迹。在遗址的中心区，道路成网，纵横交错，宫城方正，建筑基址群排列有序。这表明遗址是经缜

绿松石龙

密规划的,它的布局开中国古代都城营建制度的先河。

与大型宫殿建筑形成鲜明对比的是二里头文化中还存在着大量样式简单、面积狭小的地穴式和窑洞式民居。从宫殿式建筑规模、民居建筑样式和建筑面积的对比来看,当时的社会贫富分化已经十分严重。这种分化在二里头文化的墓葬中也能看到。虽然至今还没有发现宫殿主人的大型墓葬,但从已经发现的墓葬中足以看出当时的等级差别。有的墓里边不仅有青铜器和兵器,还有精美的玉器及其他装饰品,甚至还有殉人。而更多的墓穴没有任何随葬品。

2004年,偃师二里头遗址宫殿区发现了宫城城墙以及车辙、绿松石器及其制造作坊等重要遗存。

2004年,在偃师二里头遗址宫殿区三号大型建筑基址南院墓葬内出土了一条绿松石龙,这件龙形器放置于墓主人的身上,与骨架相比略有倾斜。

绿松石龙形体长大,巨头蜷尾,龙身曲伏有致,形象生动,色彩绚丽。龙身长64.5厘米,中部最宽处4厘米。它共由2000余片形状各异的细小绿松石片组合而成,每片绿松石的直径为0.2厘米至0.9厘米,厚度0.1厘米左右。龙头为扁圆形,置于梯形托座上,托座表面由绿松石拼合出有层次的图案,多处有龙头伸出的弧线。龙的鼻、眼则充填以白玉和绿松石。在距绿松石龙形器尾端不远处,还发现一件绿松石条形饰,与龙体近于垂直。这一大型绿松石龙形器,在中国早期龙形象文物中十分罕见,堪称国宝。

从另一面,也可以看出墓主人地位的高贵、社会审美情趣的高雅和手工技术水平的高超。

1992年在二里头遗址出土的镶嵌有数百颗绿松石的兽面铜牌

走向青铜时代

青铜器是中华文明早期阶段的重要标志之一。二里头文化遗址出土的青铜器种类比较丰富,有鼎、铃、牌等,这些青铜器造型简单,质朴无纹,器壁较薄,显示出早期阶段的特点。另外遗址中还出土了空心青铜器物,说明这一时期已经掌握了内外合范技术。从出土的一些铜渣、坩埚残片、陶范残片等可以看出,二里头的冶铸已分化为专门的手工业部门。冶金专家曾用电子探针检测过一件铜爵,得知含铜92%、锡7%,是地地道道的青铜。夏人能铸造铜器,史有明载。二里头文化中青铜礼器的发现,表明历史已进入具有古代中国特色的青铜时代。

盉,二里头文化

二里头出土的青铜器以爵为代表，爵的特点是流和尾细长，器壁较薄，高度都在 20 厘米以下。爵的形状分长体束腰式、长体分段式和短体束模式等，二里头的青铜爵是纯粹的实用器，一般无纹饰。虽然二里头出土的爵还不足 10 件，但在铸造史上却极为重要。

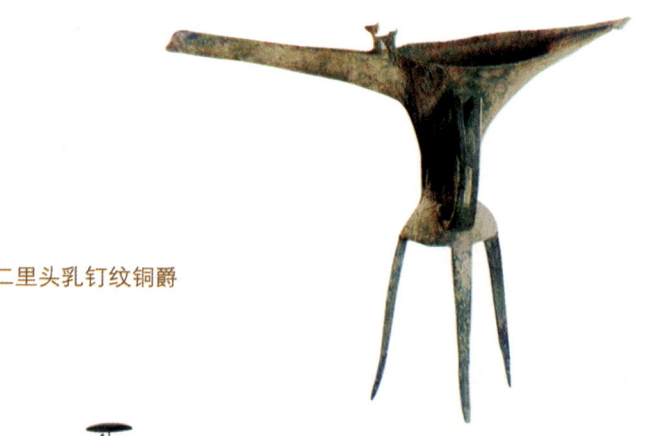

二里头乳钉纹铜爵

知识窗

青铜时代

青铜时代是以使用青铜器为标志的人类物质文化发展阶段。青铜是红铜（纯铜）与锡或铅的合金，熔点在 700℃—900℃之间，比红铜的熔点（1083℃）低。含锡 10% 的青铜，硬度为红铜的 4.7 倍，性能良好。青铜的出现对提高社会生产力起了划时代的作用。青铜时代处于铜石并用时代之后、早期铁器时代之前，在世界范围内的编年范围大约从公元前 4000 年至公元初年。

中国的青铜文化起源于黄河流域，始于公元前 21 世纪，止于公元前 5 世纪，约经历了 1500 多年的历史，大体上相当于夏、商、西周至春秋时期。

中国青铜时代早期，以河南偃师二里头文化为代表，年代大约在公元前 2080 至前 1580 年间。加上山东岳石文化、辽宁夏家店下层文化、黄河上游的四坝文化等，都相继出现了品类繁杂的青铜制品。用放射性碳素对上述遗址进行断代得出来的年代正好在历史记载的夏王朝纪年范围内，这些遗址应是夏王朝时期文化类型。

相关链接

石 范

青铜冶炼铸造技术要比制陶复杂得多。青铜器铸造要经过采矿、冶炼、浇铸、成型等过程,制作时要先按照器形做出模型,翻成范,再铸成器。范有石范、泥范等。石范在夏代大多用作小件器物的模具,如刀、镰等,二里头文化遗址中有少量出土。由于石范不容易加工,又不耐高温,随着制陶业的发展,很快就改用泥范。今天经常使用的"模范""就范""范式"等词汇,就渊源于古人对铸造模具——范的称呼。

石范,二里头文化,铸铜模具,1974年山西省夏县东下冯村出土

这一石范为磨制而成,是复合范,分为上下两部分,左右各一,共4块,用时对合在一起,作为外范

中国古代礼制形成的开始

和夏以前相比,夏代青铜器的使用功能有了重大变化,这就是用来维护社会秩序的兵器和反映社会等级的礼器的大量出现。二里头遗址中发现的兵器除铜戈、铜矛等外,还发现多种铜镞,即铜箭头。从铸造简单的兵器、工具到铸造容器,在技术上是一个飞跃。青铜兵器和礼器的大量出现,一方面表明人们对战争的高度重视,另一方面也表明青铜铸造业达到了一定规模。

礼器的出现不仅表现在青铜器上,在其他材质的器物上也有体现,如制作精美的琮、

相关链接

大口尊的源起与功用

大口尊最早出现于二里头文化，流行时间较长，到商代还被广泛使用。

商代甲骨文和金文中的"酒"字字形，均与大口尊相似。甲骨文和金文多为象形字，其中"酒"字最早可能就是取大口尊之象形，这说明大口尊这类器物与酒应有密切关系。

兽面纹彩绘陶罐，夏家店文化

圭、璋等玉礼器。

二里头文化时期，已经有了一套完备的礼器和礼仪制度，据此，有人把二里头宫殿遗址推测为礼仪性的宗庙遗址。

礼器的大量出现标志着礼制已成为当时重要的制度。在中华文明的早期，礼制是一大特色，这一特色主要是通过各种礼器表现出来。礼器不仅象征权力、富有，而且又是分别等级、明确贵贱、维护社会秩序、树立统治者威仪的工具。由此，说二里头文化是中国古代礼制形成的开始一点也不为过。

二里头出土的陶器以灰色为主，多拍印绳纹装饰，流行鸡冠耳饰和花边口沿，模仿绳索的箍状泥条堆纹比较发达。炊具以底部涂泥的夹砂圜底罐和鼎为主。出土的供贵族使用的白陶和施釉陶器，代表了当时制陶工

探索中的夏文化——二里头文化

陶盉,二里头文化

彩绘陶鬲

绳纹灰陶大口尊

艺的最高水平。二里头文化艺术品多见陶塑,有蛤蟆、羊、龟、龙、鱼等造型,陶刻有人像、蛇纹、鱼纹等图案,其中有一片陶器残片上刻有两条龙的形象,大眼、利爪,身上饰有鳞片。

汤灭夏建商

商族是黄河下游一个古老的部族。舜的时候,商族出了一位杰出的军事首领,名为契。后来商族人把契称作"玄王",作为始祖,并编出了"天命玄鸟,降而生商"的神话。

到夏朝中期,商族已成为黄河下游(河南、河北、山东一带)一个比较强大的方国。

约公元前17世纪,商族首领汤看到夏王朝日益腐朽,夏的暴政已引起众叛亲离,便

妇好玉人,殷墟出土

29

历史的兴衰

大玉戈，商代前期。玉质仪仗器，长94厘米、宽14厘米、厚仅1厘米，堪称"玉戈之王"。1974年黄陂盘龙城李家嘴三号墓出土。现藏于湖北省博物馆

着手建立新的王朝。首先，汤以德立威，尊重周围小国，争取各方国和部落的拥护支持。其次，剪除夏王朝的一些方国，"十一征而无敌于天下"。约公元前1600年，汤挥师进攻夏王朝首都，夏朝灭亡。

汤，又叫成汤或成唐，有的史书也称他为商汤，甲骨文记载他名叫大乙。

兽面纹卣（商晚期）

"商""殷"的来历

商朝为何称商？相传商的始祖契曾帮助禹治水有功而受封于商（今河南商丘南），所以契的族人以"商"为宗族的名号。汤灭夏后，就以"商"作为国名。

为何史书又称商为殷呢？

一说盘庚迁殷（今河南安阳西北）后，以"殷"或"殷商"相称。

一说"殷"是周代对"商"的称呼，并非商人自称。《说文解字》称："作乐之盛称殷……《易》曰，殷荐之上帝。"从这段解释，可以知道殷人是一个重视祭祀、崇尚乐教的族群。周人称商为"殷"，是因为周人推崇商人的乐教文化。

一说中国古代有"南蛮北狄西羌东夷"之说，而东南地区的古音中，"殷""夷"读音相同，据此推断，"殷"为"夷"的一个分支。《说文解字》说"夷，东方之人也"，东夷部落多以鸟为图腾，"天命玄鸟，降而生商"的传说更证实了"殷"与"夷"的历史渊源。

探索中的夏文化——二里头文化

铜鬲

灭夏后，成汤在 3000 诸侯的拥戴下登上天子之位，宣告商王朝成立。

商代建立之后，汤吸取了夏桀的教训，告诫臣子万不能像夏桀那样贪图享乐，压榨百姓，而要"勤于事""有功于民"。他自己以身作则，定期巡察天下，广施仁政，勤政爱民，减轻人民负担；将阿谀奉承的奸臣赶出政权中心，将一心为国的忠臣笼络在身边。商汤这一系列的举动深受诸侯欢迎，有力地促进了生产力的发展，使古代文明的进步获得契机。

司母戊大方鼎，商朝后期

盘庚迁殷

商朝从建国到灭亡，历17世、31王，约600年。600年的历史，以盘庚迁殷为分水岭，分为两个阶段。第一阶段：汤在位期间，能够励精图治，履行"天子"职责。汤死后，汤的孙子太甲即位，商朝的君主和贵族逐渐开始腐化，王位争夺也十分激烈。有的人说应当父死子继，有的人说应当兄终弟及，叔侄之间、兄弟之间，为争夺王位，常常展开殊死斗争，王都也屡次迁移，国势衰落。

商代虎食人卣，高35.7厘米。共两件，一件现藏于日本泉屋博物馆，另一件藏于法国巴黎市立东方美术馆

器体造型取踞虎与人相抱的姿态。虎以后足及尾支撑身体，同时构成卣的三足，虎前爪抱持一人，人朝虎胸蹲坐，双足踏于虎爪之上，双手伸向虎肩，虎欲张口啖食人头。虎肩端附提梁，梁两端有兽首。虎背上部为椭圆形器口，有盖，盖上立一小鹿，盖面饰卷尾夔纹，也以雷纹衬地，与器体一致。虎两耳竖起，牙齿甚为锋利，造型奇特，题材诡异

探索中的夏文化——二里头文化

商晚期龙纹觥

商代兽面纹双面铜鼓，乐器

盘庚即位后，为了挽救商朝的衰亡，决定将都城从奄（今山东曲阜）迁都至殷（今河南安阳西北）。迁到殷地有几点好处：一是殷这个地方西依太行山，东面向大平原，土地肥沃，洹水自西北向东南穿过，有利于农业生产；二是迁都以后，一切好从头做起，王室、贵族离开了盘根错节的旧环境，有利于抑制贵族的过分享乐；三是迁都可以避开那些叛乱势力的攻击，减少外部干扰，都城比较安全，政权就会稳固。

乍父辛卣，商后期酒器

虽然迁都对国家有诸多好处，但不少贵族坚决反对迁都。他们知道，到了新都不能像在旧都那样享乐。盘庚把奴隶主贵族召集起来，发表了两次训话。第一次是劝说。告诉大家迁到新都的好处。他说他之所以做出迁都的决定，完全是效仿先王关心臣民、保佑臣下之举，是带领大家去寻求安乐。如果谁对此举怀有二心，先王的在天之灵便要降

商代虎耳鼎

33

图像里的中国 TUXIANG LI DE ZHONGGUO
历史的兴衰

利簋，高28厘米，口径22厘米。器上有铭文4行33字，记载了武王伐纣一事。双兽头耳垂珥，深腹，腹和方座饰饕餮纹、夔纹。圈足以云雷纹作地，夔纹饰其上。蝉纹则饰在方座四隅

下灾难惩罚谁。第二次训话是示威，用强硬的口气，告诫人们必须服从迁都命令，否则要受到严厉制裁。

盘庚迁都，使得殷商摆脱了困难的处境，并且得到了进一步的发展。生产力、生产技术都取得相当成就，是中国文明发展史上一个重要的里程碑。商代的青铜器冶炼、铸造工艺达到了新的技术高度，更加扩大了青铜器的使用范围。斧、戈、矛、刀等武器，鼎、爵、瓢、壶、盘、盂等饮食器皿，斧、凿、钻、铲等工具，应有尽有。许多青铜器达到了高超的艺术水平，形成了后来著称于世的青铜文化。

周公制礼作乐

中国文化是礼乐文化，周代是礼乐文化走向成熟期的朝代。周武王克商之后，他的弟弟周公鉴于殷人失德亡国的教训，建立起了一套以追慕尧舜为理想，以求周代长治久安为目的的典章制度，史称"周公制礼作乐"。尽管这套制度没能使西周长治久安，但周公制定的典制并没有随着西周的灭亡而消失，反被后来的知识精英不断地丰富、光大，使中国的礼乐文化在周礼的基础上一步步走向成熟。

周公助兄克商

周公名旦,是周文王的第四个儿子,和武王为同母所生。因为他有一块封地名"周"(今陕西岐山东北),所以人们称他为周公。周公所在部族是西方一个古老的民族。相传兴起于"陶唐、虞夏之际",发迹于陕西泾水和渭水流域。周文王时,周族势力得到较大发展,建宗庙、城邑,驱逐前来侵扰的周边小部落,并把都城从渭水北岸迁到渭水南岸的丰。丰在地理形势上更有利于周对商王朝发动大规模的军事进攻。

周人迁丰不久,文王去世,他的儿子武王姬发继位,武王在周公的辅佐下,积极准备灭商。公元前1046年的一天凌晨,周武王在商郊牧野集众誓师,发布了由周公起草的誓词,即《尚

周公像

东汉周公辅成王画像石,高76厘米,宽67厘米,画面以减地阳文为主,阴文线刻相辅。1978年山东嘉祥汉墓出土,现藏嘉祥县文物保管所

历史的兴衰

书》中的《牧誓》。《牧誓》痛斥商纣王不祭祖先,不敬天地,迷恋女色,重用逃犯,暴虐百姓,导致天怒人怨;申明周人躬行天罚,鼓励将士勇猛杀敌。两军战于牧野,因商朝奴隶兵阵前倒戈,商军大败,商纣王自焚,延续了近600年的商王朝至此告亡。

据记载,被周征服的国家有99个,臣服于周的有652个。商灭亡后,武王还师西归,在新迁的都邑镐京(即宗周,今陕西长安西北沣水东)举行大型典礼,正式宣告周朝的建立。

封邦建国

周朝建立的第二年,武王得病而死,13岁的长子诵继位,即成王。武王之死使整个国家失去了重心,成王年幼,复杂的形势迫切需要一位有才干的人来应付这种局面,这个责任便落到了周公肩上,周公佐王摄政。

因武王灭商的战争,只用了一天就攻克了商都,殷商京畿周围的属国和殷商贵族的力量没有受到太重的打击。他们中的一些顽固势力闻听武王死了,秘密联合,蠢蠢欲动,图谋反叛。周公旦摄政,又引起同族兄弟"三监"的不满,他们与商纣王的儿子武庚及商朝在东方的残余势力联合起来,发动了叛乱。在这种情况下,周公毅然率兵东征,经3年苦战,讨平了三监的叛乱,杀掉了首恶管叔鲜,擒杀了北逃的武庚,流放了罪过较

毛公鼎,西周晚期

相关链接

何谓"三监"?

"三监"是周武王灭商后为监管殷遗民而采取的措施。周武王攻下商的都城朝歌后,为加强对殷民的控制,巩固西周在中原地区的统治,武王将原来商王朝直接统治的地方分成邶、鄘、卫三部分,邶由商纣王的儿子武庚禄父掌管,卫由蔡叔度掌管,鄘由管叔鲜掌管,史称"三监"(也有的将管叔、蔡叔、霍叔称为"三监")。一说武王以邶封武庚,以鄘封管叔,以卫封蔡叔,以图安抚殷民、监视武庚,称为"三监"。

轻的蔡叔度。周公讨平管蔡之后,乘胜向东方进军,灭掉了奄(今山东曲阜)等50多个方国。从此周的势力从西北黄土高原一直延伸到海边。

平定了三监叛乱,攻灭了几十个小国,周取得了大片土地和众多人民。如何在这片土地上站稳脚跟,使那里的人民顺服周的统治,是摆在周公面前的严重问题。面对商纣王的儿子武庚和原来商朝属国奄国、淮夷的叛乱,周公认为重要地区不能再像武王那样用商朝遗臣来管理,必须把王室中可信赖的同姓亲戚,分封到那里去建立侯国,以此拱卫中央政权。于是,周公开始了大封亲戚为诸侯国君的行动,开创了西周的分封制,而"封建亲戚"也就成了分封的核心。

周王朝分封诸侯国之后,上古长期存在的"部落"逐渐为封国所代替。周初封国地位平等,直属中央管辖,但国君的爵位各有高低,故封国的面积也大小不一。周王朝将封国国君的爵位分为"公、侯、伯、子、男"五级,五级以下还有第六级"附庸"。附庸国的面积更小,附属于附近较大的封国。

据史籍所载,西周分封的诸侯国很多,《吕氏春秋》说周天子分封的国家有400多个,臣服的方国部落有800之众。在这些封国之中,以周王室的宗

历史的兴衰

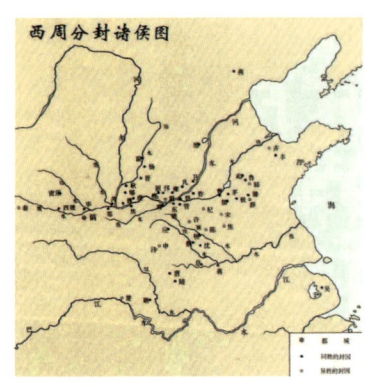

西周分封诸侯形势图

亲为主,据《荀子·儒效》记载,周公"立七十一国,姬姓独居五十三人"。而这些姬姓贵族,又集中在文王、武王和周公的后裔当中。据《左传》记载,僖公二十四年,富良说:周公"封建亲戚以蕃屏周"。先后受封的管、蔡、郕、霍、鲁、卫、毛、聃、郜、雍、曹、滕、毕、原、酆、郇等为文王的后裔,邘、晋、应、韩为武王的后裔,蒋、

散氏盘铭文

散氏盘

探索中的夏文化——二里头文化

西周宜侯夨簋，高 15.7 厘米，江苏省镇江市丹徒区出土，此簋内底有铭文 120 余字，是关于西周实行分封的重要史料

邢、茅、胙、祭为周公的后裔。这些封国多在关中地区和黄河中下游经济发达地区，属于周王朝统治的核心区域。

西周的诸侯有同姓、异姓之别。同姓即姬姓诸侯，在盟会时居于异姓的前面。异姓不少是曾与周王室有婚姻关系的。在众多封国中，最重要的有卫、鲁、齐、宋、晋、燕等国，其国君地位较高。

诸侯受封时要举行册封仪式，谓之锡命。周天子为受封者颁布册命，宣布疆土范围、土地数量，以及所封给的属臣、奴隶、礼器和仪仗的数

何尊，西周早期，通高 39 厘米，口径 28.6 厘米 尊体呈椭方形，口缘外侈，四面中线为透雕扉棱，口沿下饰柳叶纹，颈饰蝉纹和卷曲蚕纹，腹部饰浮雕饕餮，通体以云雷纹衬底。内铸铭文 122 字，记载了周成王在京室对宗小子何的训诰。"中"和"国"两字作为词组首次出现于铭文中

历史的兴衰

相关链接

诸 侯

古代中央政权所分封的各国国君的统称。周代分公、侯、伯、子、男五等，汉朝分王、侯二等。周制，诸侯名义上需服从王室的政令，向王室朝贡、述职、服役以及出兵勤王等。

量。受封的诸侯必须为周天子承担镇守疆土、出兵勤王、缴纳贡赋、朝觐述职等义务。周初的诸侯由中央统一控制。

武王克商只是打击了商王朝的核心部分，直到周公东征才扫清了商朝的外围势力。3年的东征灭国尽管有50个左右，但占领地的巩固和扩大还是在周公分封之后。大封诸侯，不仅使西周各派实力人物都享受到了裂土分茅的实惠，而且开启了中国封建体制的先河，有效地稳定了战后人心，使初得天下的西周政权避免了被倾覆的危险。分封以后，周人再也不是西方的"小邦周"，而成为东至海、南至淮河流域、北至辽东的泱泱大国了。

制礼作乐

周公东征后，为了加强对东方的控制，营建了东都洛邑（今河南洛阳），作为周统治者控制东方的中心，并将"殷顽民"迁到洛邑，驻兵进行监视。自此西周有两个都城：以镐京为中心，是周人兴起的根据地，称为"宗周"，又称西都；以东都洛邑为中心，是保卫宗周、镇抚东方的重镇，称为"成周"，又称东都。东西连成一片，长达千里（1里约为500米）以上，王畿的政治、经济和军事力量，都有显著的增强，成为控制全国的基地。

东都洛邑建成之后，周公召集天下诸侯举行庆典，并宣布各种典章制度，也就是史书所载的"周公制礼作乐"。

探索中的夏文化——二里头文化

天子籍田之礼

在氏族公社时期，每年春耕之前，往往由族长或德高望重的长老带头进行耕作，并在耕作之前主持开耕仪式。到了周代，则称"籍田礼"。"籍田礼"不仅是一种统治者亲耕的仪式，更重要的是督促百姓不违稼时，适时耕作。

丧礼

周代的丧葬制度更加体现了贵族之间的宗法关系和等级关系。如："天子棺椁七重，诸

燕侯盂，西周早期

大盂鼎，清道光年间在陕西郿县礼村出土，现藏于中国国家博物馆

西周康王时期器物。鼎高101.9厘米，口径77.8厘米，重153.3千克，鼎身为立耳、圆腹、三柱足、腹下略鼓，口沿下饰以饕餮纹带，三足上饰以兽面纹，并饰以扉棱，下加两道弦纹。整个造型端庄稳重，浑厚雄伟，典丽堂皇。内壁有铭文291字，内容为周王告诉盂，殷代因官员酗酒而亡国，周代则因忌酒而兴，要盂好好地辅助他，敬承文王、武王的德政。同时铭文记载了给盂的赏赐

41

侯五重，大夫三重，士再重。"据研究，周代的棺椁制度是：天子三椁四棺，诸侯三椁三棺，大夫一椁二棺，士一椁一棺。

用鼎制度

周代的用鼎制度是整个礼器制度的核心，不论是祭祀、宴飨、丧葬等礼仪活动，都要按等级使用以鼎为核心的成套青铜礼器。周代礼器制度规定：天子九鼎，诸侯七鼎，大夫五鼎，士三鼎，并有与之配套的其他礼器。

《历代帝王图》（局部），唐阎立本绘，原件现藏于美国波士顿艺术博物馆

贵族成人礼

古代男子长到20岁时要举行一种结发加冠的礼节，它属古代"五礼"（吉礼、嘉礼、宾礼、军礼、凶礼）中的"嘉礼"。冠礼一般在祖庙举行，诸侯的冠礼在太祖之庙举行，天子的冠礼则在始祖之庙举行。主持成人礼仪式的，一般是受冠者的父亲。周代的冠礼十分繁琐。

在举行冠礼之前，不仅对冠礼的日期和来宾进行卜筮，而且卜筮的地点还必须在祖庙里进行。加冠，一般是由来宾中有威望的人担当。给受冠者戴冠的那位来宾，即是筮宾之时事先由卜筮卜定的。加冠一般是加三次：

首先，加缁布冠。缁布冠，就是用黑麻

布做成的帽子。加缁布冠的目的，是要受冠者"不忘本"。在古人看来，人不忘本，方能事君；若能事君，才能敬事神明。所以古人都把缁布冠看得非常重要，并把它作为加冠的第一冠。

其次，加皮弁冠。皮弁冠，用白鹿皮做成，古为朝服。所以加皮弁冠的目的，主要是要受冠者以后勤政恤民。

最后，加爵弁冠。冠的形状如古代酒器的爵，所以叫爵弁冠。爵弁冠，古为祭服。加爵弁冠的目的，主要是要受冠者以后"敬事神明"。

以上是一般士人的冠礼。士人的冠礼加三次，如果是诸侯的冠礼，要加四次，即在士冠礼三加的基础上，再加玄冕；若是天子的冠礼，要在诸侯冠礼四加的基础上，五加衮冕。

受冠者加冠完毕，由负责加冠的来宾授之以"字"。"字"，是孩童长大成人举行冠礼时由亲友根据"名"的字义而另取的别名。加冠授字仪式一结束，就表示受冠者已经长大成人了，此后他不仅可以服兵役、参加祭祀和出仕做官，而且可以娶妻，成家立业，生儿育女。"冠而生子，礼也"。

长囟编钟，西周

历史的兴衰

汉代画像砖

画面分上下两组,上左有一轺车。车后一骑从,车前为门阙,一人执盾守卫,内有庭堂,坐两人。下左起一人仰射树上的栖鸟,一人赤膊跳丸,一女伎军长袖翩翩起舞。另有三人跽坐,一人鼓瑟,一人击建鼓和鞀鼓,一人吹竽

🚗 礼乐制度下的西周乐舞

周公制礼作乐,是希望"以礼别尊卑,以乐和人民",使整个西周社会既能尊卑有序,又能和睦融融。他为了推行宗法制、分封制、井田制,制定了一整套十分繁琐的礼仪和与之相配合的音乐。不同场合、不同身份的人,不但礼仪有别,所用的音乐也不一样。如祀天神,"乃奏黄钟,歌大吕,舞《云门》";祭地祇,"乃奏太簇,歌应钟,舞《咸池》"。

周公制定的礼乐制度,是对宗法制、分

宗周钟,祭祀或宴飨之乐器

此器器形标准。铭文17行122字。记周厉王(或周昭王)派兵战胜南方"服子"后,服子、南夷、东夷26个邦来朝觐周王室,是研究"宗周"与各少数民族关系的重要史料

先秦时期的琴人

封制的强调和固定。只有是某一等级的人,才能享用某一等级的礼乐。就乐而言,等级的内容包含对乐舞名目、乐器品种和数量、乐工人数等等的绝对限定。如歌舞队,天子用 64 人,列成 8 行,称为"八佾";诸侯用 36 人,列成 6 行,称为"六佾";卿大夫用 16 人,列成 4 行,称为"四佾";士用 4 人,列成 2 行,称为"二佾"等等。

要推行礼乐制度,必须加强有关礼乐方面的教育。因此,周王朝设置了中国历史上第一个礼乐机构——春官。春官中有大司乐、乐师、大师等乐官,乐工 1400 多人,分别负责音乐教育、传授乐艺、表演和其他音乐事务。周代如此重视音乐教育,无疑会对音乐文化的发展产生促进作用,而各种相关的措施也推动和保证了音乐的发展,从而使周代宫廷音乐达到了较高的水平。

周代是最早对"礼"(祭祀、朝飨等仪式)和"乐"(伴随"礼"进行的乐舞)做出规定的时代。每个时代的具体内容虽不相同,但理论上都效法西周却是不变的。

严格说来,周公制礼作乐,并非是说周公之前没有礼乐,而是周公对礼乐进行了新的定义和规范,使之更适合西周的需要。

史墙盘

此物出土于陕西扶风县周原遗址范围内的庄白村。1976 年 12 月,庄白村一次出土窖藏青铜器 103 件,其中最重要的一件就是此盘。此盘内底铭文中说,一位名叫墙的人,为纪念先祖而作铜盘,因墙为史官,因此铜盘被定名为"史墙盘"。

历史的兴衰

春秋五霸

夔龙纹匜，春秋中期，1982年江苏丹徒磨盘山出土

从公元前770年周平王东迁，到公元前476年战国七雄局面正式形成，历史上称为春秋时代（春秋结束的年代说法不一。有公元前476年说，有公元前403年说，也有481年说）。从时间上看，春秋时代属于"东周"时期。在这段300多年的历史中，周天子不像西周时期那么威风了，王室衰微，许多诸侯只是在名义上没有否认周天子的地位，但事实上已不受周天子所制约，相反，却利用天子招牌去号令其他诸侯，这就是历史上所说的"挟天子以令诸侯"。由于周天子事实上已经失去了对诸侯的控制，周王朝的面目被淹没在诸侯争霸的波涛之中。所以，人们只知有春秋，而不知有"东周"。为什么将这段历史称为春秋呢？因为孔子根据鲁国史册编撰了一本史书，名叫《春秋》，就是写的这段历史，人们因而把东周前半段的历史称为春秋。

古代烽火台遗址。烽火台古时为防止敌人入侵而建，用于点燃烟火，传递军事消息的高台。又称烽燧，俗称烽堠、烟墩

周幽王烽火戏诸侯

西周末年的周幽王是位昏庸的国王。昏庸到为了表示对一位妃子褒姒的宠爱，竟然将太子宜臼废掉。又将宜臼的母亲申后废掉，立褒姒为后。为了博得褒姒的欢心，又轻率地玩了一个"烽火戏诸侯"的游戏。

"烽火"是中国古代军事上使用的一种警报信号。在国都四周城外每隔一段距离建一个高台，高台上堆放柴草和容易冒烟的畜粪，派专人驻守。一旦有敌人进犯，立即点燃柴草或畜粪。驻扎在国都周围的诸侯见烽火台烟火举起，就知道国都有敌情，会立即派兵勤王，见烟火不来者，国王可兴师问罪。所以，烽火台是重要的军事设施，烟火是严肃的军事命令。

昏庸的幽王为博得妃子一笑，竟然下令在烽火台上举火。诸侯见到烽火，便带兵前来勤王，各路兵马赶到京城方知上当。此情此景引起妃子褒姒一笑。妃子是笑了，诸侯们却憋了一肚子火，诸侯们肚子里一旦种下了不信任国王的火种，国王离哭的日子也就不远了。

申后是诸侯国申侯的女儿，宜臼是申侯的外孙，两人双双被废，激怒了申侯。申侯便与西戎结盟，向镐京进攻。周幽王急命人点燃烽火，各路诸侯因上次上了当，没一个前来，幽王被杀。原来的太子宜臼被拥立为天子，这就是历史上的周平王。

周幽王"烽火戏诸侯"的故事并非完全可信，但因王室衰微，诸侯们才敢按兵不动，坐观成败，却是符合历史史实的。

周平王继位后，见京师在战争中宫殿被毁，国库亏空，西边疆土多被西戎控制，于是在一些诸侯支持下将都城迁到了洛邑（今河南洛阳）。

平王东迁，丰、镐二京的百姓并未随迁，因此在洛邑建都的时候，只能依靠诸侯的力量，从此落入了诸侯的掌控之中，历史也随之进入了长达500多年的诸侯争霸时期。

春秋时期云纹铜禁，1978年河南淅川下寺出土。通高28.8厘米，器身长103厘米，宽46厘米。"禁"为承置酒器的案，其器身以粗细不同的铜梗支撑多层镂空云纹，12只龙形异兽攀缘于"禁"的四周，另12只蹲于"禁"下为足。这是迄今发现用失蜡法铸造的时代最早的铜器，其工艺精湛复杂，令人叹为观止。

相关链接

勤 王

勤王,从字面理解,就是为王而勤奋劳作。西周初年,王室分封了许多诸侯,诸侯有很高的自主权,但也有义务,比如在天子遇到危险的时候,诸侯须前来救援,这种救援的行为便称为"勤王"。

诸侯并兴

周平王东迁洛邑,是周朝社会历史的转折点。东迁之前周王为天下共主,力量强大,各地诸侯要向周王定期纳贡;东迁之后的周王室名义上虽然仍然存在,但真正实力还不如大一点的地方诸侯。郑国、秦国、晋国等诸侯国因护卫平王东迁,自恃有功,借机抢占王室的政治、军事资源,壮大自己。潼关以西广大地区被秦国所占有,南面是楚国及其附属国的天下,北面多为晋国所控制,东面大片土地被郑国所侵占,周天子控制的地盘以洛阳为中心,方圆不足600里,一些强大起来的诸侯不再听命于周王,甚至周王残存下来的有限的尊严

兽头形陶范,残长8.1厘米、高11厘米、厚6.2厘米,春秋时期文物。1961年山西省侯马市铸铜遗址出土

和名义上的权威也被诸侯攫为己有。

东周时期,周王下降到侯国的地位,他和侯国发生纠纷,也要用交换人质的方式来解决。到了周襄王以后,剩下的土地就更少,周王室成了空架子,丧失了控制诸侯的能力。而在西周时期,小邦林立,见于史书的诸侯国就有180个,虽各自为政,倒也相安无事。随着王权的衰落,强大起来的诸侯国之间展开激烈斗争。一些诸侯国在战争中战胜了对手,取得了霸主的地位,实际上和原来的周天子的地位相差无几了。春秋时期,这样的诸侯国先后出现五个,所以叫作"春秋五霸"。

知识窗

管鲍之交

年轻时,管仲与鲍叔牙一起做生意,分账时,管仲总是多拿一些。大家都很生气,鲍叔牙却说:"管仲多拿是因为家穷。"后来,管仲参了军,每次都是冲锋在后撤退在前,别人骂他,鲍叔牙却说:"管仲有老母亲需要他赡养。"于是,管仲与鲍叔牙结成了生死之交。

后来,管仲做了公子纠的老师,鲍叔牙做了公子小白的老师。齐襄公被杀时,公子纠和小白都在国外,闻讯后都分别昼夜兼程回国抢夺王位,管仲怕小白先回国,就追上他,射了他一箭。公子小白假装中箭,骗过管仲,与鲍叔牙先回到齐国,当了国君,就是齐桓公。

齐桓公请他的老师鲍叔牙当丞相,鲍叔牙说:"管仲比我强十倍,希望大王忘掉一箭之仇,让他当丞相。"齐桓公同意了。齐桓公如果没有管、鲍,也许就不会成为"九合诸侯,一匡天下"的春秋第一霸主。

"五霸"是指哪五个霸主呢？一说是指齐桓公、宋襄公、晋文公、秦穆公和楚庄王。另一种说法，"五霸"是指齐桓公、晋文公、楚庄王、吴王阖闾和越王勾践。后一种说法比较符合历史实际。

青铜莲鹤方壶，高 122 厘米，宽 54 厘米，作于春秋时期，出土于河南新郑，原为一对，现分别收藏于故宫博物院和河南省博物院
这是一件形体巨大的青铜盛酒器，采用了圆雕、浅浮雕、细刻、焊接等多种技法铸造而成。它的壶身高大，结构严密，通体布满了盘曲的龙形装饰花纹，两侧并铸有圆雕的龙形细长双耳，底部是两只伏兽，负壶而走。整个壶身的圆雕装饰充满了一种神秘色彩。在壶盖周围并列双层向外展开的莲花瓣中，屹立着一只展翅欲飞的鹤，采用的却是写实手法，神秘氛围中烘托出一种清新的感觉，反映出当时社会变革的风貌

春秋第一霸主——齐桓公

"五霸"中最早称霸的是齐桓公。齐是太公吕尚的封国，齐国的历代君主致力于整顿政治，发挥滨海地区渔业和盐业的优势，使国力逐渐强盛起来。齐桓公继位后，任用管仲为相，管仲改革内政，废除公田制，按土地的肥瘠，确定赋税，设盐、铁官和铸钱，增加财政收入，寓兵于农，将基层行政组织和军事组织合为一体，增加了兵源和作战能力。在此基础上，他举起了"尊王攘夷"的旗子。管仲的"尊王攘夷"，就是尊重周朝王室，承认周天子至高无上的地位，号召各诸侯国联合起来共同抵御蛮、

龙耳虎足铜方壶，1979年河南淅川下寺遗址的春秋一号墓出土。口微侈，颈修长，腹扁鼓，有圈足，形体秀丽俊俏。壶的双耳加饰两条回首伏龙，圈足下为两只立体伏虎，生动逼真。

夷、戎等部族对中原的侵害。在这面旗帜下，齐桓公多次大会诸侯，帮助一些弱小的诸侯国抗击夷狄的侵扰，取得了诸侯们的信任，终于在公元前679年成为霸主。从此，齐桓公以中原诸侯的霸主（盟主）身份，得以"挟天子以令诸侯"。

公元前656年，齐桓公带领8个诸侯国的联军，以优势兵力迫使楚国服从他，订立了召陵（今河南郾城）之盟，其霸业发展到顶峰。

齐桓公在位时，多次大会诸侯，举行结盟仪式，连周天子也派人来参加会盟。

相 关 链 接

退避三舍

春秋时候，晋国公子重耳流亡到楚国。楚成王认为重耳有当国君的才能，遂以国礼相迎。一天，楚王设宴招待重耳。席间，楚王问重耳："假如你有一天回晋国当上了国君，该怎么报答我呢？"重耳回答："如果我真能回国当政，愿与贵国世代友好。万一有一天，晋楚国之间发生战争，我一定命令晋国的军队先退避三舍（一舍等于30里，约15千米），如果还不能得到您的原谅，再与您交战。"

四年后，重耳在秦国的扶植下真的回国当上了国君（晋文公）。公元前633年，楚晋之间也真的发生了战争。晋文公为了兑现诺言，下令军队后退90里，驻扎在城濮。楚军见晋军后退，以为对方害怕了，"乘胜"追击。由于晋军是有计划地后退，楚军则是盲目地追击，晋军大破楚军，取得了城濮之战的胜利。

"退避三舍"这一后发制人的方针，丰富和发展了中国古代军事思想。

知识窗

"问鼎"一词的由来

据史籍记载，当年大禹王一统天下后，为显示权威，召集天下九牧（众多部落首领）会盟，将天下划分为冀、兖、青、徐、扬、荆、豫、梁、雍九州。并"收九牧之金"，浇铸了九尊青铜鼎，每一鼎代表一个州，从此，九鼎就成为国家政权的象征。

春秋时，楚庄王称霸天下，当兴兵攻打到洛水流域时，周定王派大夫王孙满前往慰劳。楚庄王别有用心地问王孙满九鼎轻重，王孙满回答说："鼎的大小轻重在于君王的德行而不在鼎本身。从前夏朝正是有德的时候，让天下九州的长官进贡青铜，铸造九鼎。夏桀昏乱，鼎就迁到了商朝，享国600年。商纣王暴虐，鼎又迁到了周朝。如果君王的德行美善光明，九鼎虽然小，也是重的，不可能迁移到别处去。如果君王奸邪昏乱，九鼎虽大，也是轻的，随时有可能迁到别处。周成王把九鼎固定在王城（今洛阳市），占卜的结果是传30代，享国700年，这是上天意。现在周朝的德行虽然有些衰退，但是天命并未改变。九鼎的轻重，是不能询问的。"

王孙满用鼎之轻重"在德不在鼎"，教训了楚庄王，使他的野心暂时收敛。后来，人们用"问鼎"一词来比喻某人图谋王位。这就是"问鼎"典故的由来。

会盟，是指古代诸侯之间会面和结盟的仪式。春秋时代，一些较小的诸侯国为了抵御大国侵略，常常联合起来共同作战；一些较大的诸侯国利用自己的实力和影响，胁迫其他小的诸侯国加入自己的阵线，史称会盟。

齐桓公死后，齐国出现争夺君权的内乱，国力大衰，齐国从此失去了霸主的地位。

龙纹带盖豆

豆是古时用来盛放肉酱一类食物的器具。以青铜做豆，源于新石器时代的陶豆，基本形制为上有盘，中有"校"（即长把），下有"镫"（即圈足），大多有盖，盖上有提手或环钮，可仰置。此豆盖、身至圈足上部皆以红铜镶嵌出禽兽四散奔逃、猎者勇猛追杀的纹样

楚庄王一鸣惊人

在晋、秦称霸于黄河流域时期，地处长江、汉水流域的楚国经常北上挑战晋的霸主地位。江汉流域土地肥沃，国家多，弱小者多，发展空间大。经过楚武王和楚文王的经营，先后吃掉了屏藩中原的三大重镇之国申（今河南南阳）、邓（今河南邓州市）、息（今河南息县），扫清了进军中原的道路。到春秋中期，楚国又灭掉了一些小国，势力扩展到淮河流域。春秋300年间，楚灭40余国，成为各诸侯国中灭国最多的国家。楚国的鼎盛时期，是楚庄王在位时期，他曾一度饮马黄河，大败晋国，称霸中原。

公元前613年，楚庄王即位。楚庄王开始即位的

几年，不问国事，终日在宫中饮酒嬉戏，并下令：敢前来谏劝者，斩！大臣伍举问他说："楚国的山上有一只大鸟，三年了，不飞也不叫，这是一只什么鸟呢？"楚庄王答曰："三年不飞，一飞冲天，三年不鸣，一鸣惊人。"伍举大喜，他知道庄王并非凡庸之主。不久，楚庄王果然一改过去的做法，不再饮酒嬉戏，亲理政事，任用贤臣，诛杀奸佞，选拔良才。

公元前608年，楚庄王亲率大军攻伐陈、宋，晋国军队迎战于北林（今河南新郑），结果晋军大败。楚国的势力发展到洛水，楚庄王在周王室的辖区里陈兵示威。周王非但不敢制止，还派遣大夫王孙满慰劳楚庄王。楚庄王非但不感谢，还问王孙满九鼎轻重。问九鼎轻重，是楚国向周天子的挑战。

公元前546年，宋大夫向戌奔走于晋、楚等国之间，征得各诸侯国的同意，在宋都举行了有晋、楚、宋、鲁、卫、陈、郑、曹、许、蔡等14个诸侯国参加的弭兵大会。会议约定各国间停止战争，原来晋、楚各自的属国，现在变成晋、楚双方共同的归附国，对晋、楚尽同样的义务，奉晋、楚两国为共同霸主，平分霸权，谁破坏协议，各国共讨之。这次大会史称"弭兵会盟"。

"弭兵会盟"后的10多年间，因为楚国专注于对付吴国，晋国则忙于应付内事，无力开战，所以会盟的10多个国家没有发生过战争。

吴越争霸

在中原诸侯争霸末期,长江下游崛起了两个国家——吴、越。吴国本来是一个落后的国家,春秋中叶,晋国为了与楚国争霸,采取联吴制楚策略,吴国在晋国的帮助下开始崛起。吴国多次对楚国发动进攻,也多次遭到楚国的反击。公元前506年,吴王阖闾以伍员(伍子胥)为大将,统兵伐楚,五战五胜,11天行军700里,直捣楚都郢(今湖北江陵北)。楚国经此一战,元气大伤。

楚国被打败,吴王阖闾代替楚王成了南方霸主。吴国与附近的越国(都城在今浙江绍兴)素来不和。越国在以前也是个小国,楚国为了联越制吴,大力扶植越国。公元前496年,越国国王死,儿子勾践即位。吴王

吴王夫差鉴
春秋晚期,传河南辉县琉璃阁出土

吴王夫差矛，1983年湖北省江陵县楚墓出土，仅存矛头，现藏于湖北省博物馆

矛头为青铜铸造，长29.5厘米，宽5.5厘米。矛身有黑色花纹，材料为铜和锡。正面有"吴王夫差自乍（作）用"铭文，为鸟虫篆。矛刃锋利，其铸造工艺之精细为同类兵器所少见

透雕短柄剑，春秋

趁越国处于国丧时期，发兵攻打越国。吴越两国在槜李（今浙江嘉兴西南）发生一场大战。吴王阖闾满以为可以轻松取胜，没想到败得一塌糊涂，吴王本人也在战争中中箭受伤，不久就死在半路上了。临死前嘱咐儿子夫差要替他报仇。

吴王阖闾死后，儿子夫差即位。夫差牢记父亲临终嘱托，叫人经常提醒他。他每次经过宫门，要手下人高喊："夫差！你忘了杀父之仇吗？"夫差流泪回答："不，不敢忘！"他叫大臣伍子胥和伯嚭日夜操练兵马，做攻打越国的准备。准备了两年，吴王夫差认为可以和越国一搏了，便亲自指挥复仇之战。两军队在大湖一带激战，越军大败。越王勾践带了5000残兵败将逃到会稽，被吴军团团围住。勾践派大臣文种到吴王营地求和。吴王夫差想接受越王求和的建议，大臣伍子胥坚决反对，主张趁机灭掉越国，以除后患。文种回国后，把交涉结果向勾践做了报告，勾践见

春秋时期的三轮铜盘，高15.8厘米，盘径26厘米，轮径7.8厘米。现藏于中国国家博物馆。盘呈圆形，腹部饰一圈编织纹，盘的圈足上安装有3个轮子，前轮两侧各铸一条回身欲饮的龙形兽，兽身从盘底伸出，曲线优美，极富装饰意味，同时也是轮盘的把柄。这种极富创意的盘形不见于其他任何地区，可能和吴地独特的文化背景有关

已无路可走了，准备杀掉妻子儿女，毁掉珍宝，然后与吴王决一死战。这时，文种打听到吴王宠臣伯嚭是个贪财好色之徒，劝越王派他带一批美女和珍宝，私下送给伯嚭，请伯嚭劝夫差答应越王的要求。贿赂果然见效，经伯嚭在夫差面前一番劝说，吴王夫差不顾伍子胥的坚决反对，答应接受越国投降的要求，吴国撤兵，条件是越王勾践离开越国，随他到吴国去。

勾践为了挽救越国的灭亡，接受了这些少见的屈辱条件，他把国家大事托付给文种，自己带着夫人和大臣范蠡随吴王来到吴国。勾践到了吴国，夫差让他们夫妇俩住在阖闾坟墓旁边一间石头屋子里，叫勾践做吴王的马夫。夫差每次乘车出行，勾践要为夫差拉马，像仆人一样服侍左右。这样过了3年，夫差认为勾践真心归顺了他，就放勾践回国了。

勾践回国后，立志发愤图强，报仇雪耻。他唯恐眼前的安逸消磨了自己的志气，于是给自己安排了一个艰苦的生活环境，在吃饭的地方挂上一个苦

胆，每逢吃饭的时候，就先尝一尝苦味，还自问："你忘了会稽的耻辱吗？"他还撤掉舒适的床铺，连床上的席子也让人撤去，用柴草当作褥子。这就是后人传诵的"卧薪尝胆"。

勾践决心要使越国富强起来，他亲自参加耕种，叫他的夫人自己织布，鼓励生产。因为越国遭到亡国的灾难，人口大大减少，他订出奖励生育的制度。他叫文种管理国家大事，叫范蠡训练人马，自己虚心听从别人的意见，救济贫苦的百姓。全国的老百姓都巴不得多加一把劲，好叫这个受欺压的国家改变成为强国。越王勾践经过"十年生聚，十年教训"，做好了与吴一争高下的准备。

夫差战胜越国之后，以为已经没有后顾之忧了。接着，夫差亲自挥师北上，首先瞄准了齐国，吴齐两国战于艾陵（今山东泰山附近），吴军大胜，俘获齐国兵车800乘。公元前482年，夫差大会诸侯于黄池（今河南封丘西南），与晋争夺霸主地位。正当吴王夫差和晋国争做霸主、双方坚持不下的时候，越王勾践趁吴国精兵在外，突然出兵，一举攻下了吴国都城姑苏（今江苏苏州市吴中区），杀死了吴国太子友，吴国受到致命打击。又过了9年，越国彻底吃掉了吴国，夫差羞愤自杀。勾践北上与齐晋会盟于徐州（今山东滕县），成为春秋时期的最后一个霸主。

知识窗

"狡兔死，走狗烹"

春秋末期，越王勾践卧薪尝胆，任用大夫文种、范蠡整顿国政，使国家转弱为强，终于击败吴国，洗雪国耻。

吴国灭亡了，越王在吴宫大宴群臣，发现范蠡不知所踪，第二天在太湖边上有人发现了范蠡的衣服，人们以为范蠡投湖自杀了。过了不久，文种接到一封信，上面写着："飞鸟尽，良弓藏；狡兔死，走狗烹"；"勾践为人，可与共患，难与处安"。文种此时方知范蠡并未死去。他虽然不太相信信中所言，但从此常告病不去上朝，日久引起勾践疑忌。一天勾践登门探望文种，临别留下佩剑一把。文种见剑鞘上有"属镂"二字，正是当年吴王夫差逼伍子胥自杀的那把剑。他明白勾践的用意，悔不该不听范蠡的劝告，只得引剑自尽。

"兵圣"孙武和他的《孙子兵法》

孙武,春秋晚期的兵家,中国古代军事学的奠基人,后人称之为"兵圣"。字长卿,齐国人。因齐国内乱,出走吴国。向吴王阖闾进呈兵法13篇,被重用为将。

孙武的军事思想主要体现在《孙子兵法》一书中。《孙子兵法》是世界上最早的一部军事理论著作,比欧洲克劳塞维茨写的《战争论》早2300年。孙武在兵法上提出了一套完整的克敌制胜的战略战术,形成一个思想严谨、结构合理的军事理论体系。孙武的军事思想主要包括战争观、战略理论和作战思想三个方面。

《孙子兵法》共有6000多字,分为13篇,每篇都有一个主题思想。比如:《计》篇论述的是能否进行战争的问题。并提出决定战争胜负的五个基本因素是道、天、地、将、法,即政治、天时、地利、将帅、法制,而首要的是政治因素。《作战》篇阐述了如何进行战争。《谋攻》篇讲述如何进攻敌国。

孙武主张力求不战而胜,不靠硬攻而夺城,不需久战而灭敌。用兵的上策首先是用政治谋略,其次是用外交手段,再次是使用武力取胜,最下策才是攻城略地。

银雀山《孙子兵法》竹简

《孙子兵法》包含了许多有价值的哲学思想。如"知己知彼,百战不殆"等著名军事言论。

《孙子兵法》有丰富的辩证法思想,书中探讨了与战争有关的一系列矛盾的对立和转化,如敌我、主客、众寡、强弱、攻守、胜败、利患等。《孙子兵法》正是在研究这种种矛盾及其转化条件的基础上,提出其战争的战略和战术的。《孙子兵法》谈兵论战,集"韬略"、"诡道"之大成,被历代军事家广为援用。

被神化的老子

《紫气东来》,徐悲鸿画于1943年

春秋时期的老子是中国历史上最富传奇色彩的人物之一。他曾被后世逐渐神化,道教徒们尊他为"太上老君",奉他为教主。其实他只不过是周朝的一位管理王室藏书的"守藏史",相当于现代的"皇家图书馆馆长"。

老子出生地是陈国苦县,在今天河南厉县东,而他为什么叫老子、为什么又称李耳、出生在什么时间等,和他所创立的学说一样,神秘莫测。有书记载他的父亲老佐是宋国的一员武将,公元前576年,在一次攻城战役中兵败而亡,宋军溃散,住在军帐中的夫人也随军奔逃,因慌不择路,本想回宋都,却跑到了陈国相邑(今河南鹿邑东)。老夫人此时正身怀六甲,奔逃中又惊又累又颠,在篷车上早产一男婴,这便是老佐之子——老子。因男婴耳朵大于常人,故起名为"聃";因出生这年是虎年,亲邻们管他叫小狸儿,即

"小老虎"的意思。因江淮间人们把"猫"唤作"狸儿",音同"李耳"。久而久之,老聃小名"狸儿"便成为大名"李耳",一代一代相传至今。实际上,老子的生卒年代和具体身世,无法确考。

从老聃曾任周朝守藏史这一官职和当时人尊称他为"老子"这一称呼分析,老聃应该是位学识渊博、影响很大的人。如果没有学问,不可能当上守藏史一职,如果在当时没有影响,不会有人称他"老子"。春秋时期,人们对学识渊博的人才称为"子",以示尊敬。司马迁说孔子曾向老子问"礼",更证明老子的学养非凡。

周敬王四年(公元前516年),周王室发生内乱,晋国出兵勤王,叛乱的王子朝被打败,逃亡楚国。出逃时将王室图书典籍劫掠一空,老聃蒙受失职之责,辞官归隐。

老子归隐一段时间,静观周朝变化,见王室衰败得已不成样子了,遂决定远走高飞,到西方的秦国去。到秦国去,必须经过函谷关。函谷关大概在今天的河南灵宝境内,这里两山对峙,只有一条路在山谷之中,好像在匣子里一樾,所以取名函谷关。

相传函谷关守关官员尹喜,年轻时即好观天文,爱读奇书古籍,知识庞杂深厚。

《老子骑牛图》

春秋时期道家代表人物老子,被后人赋予了很多意义。在宋代,老子甚至被列入了神仙谱。其中,他骑青牛、御紫气的形象深入人心,几成共识,宋明两代皆有以此为题材的绘画、石刻传世。这是北宋晁补之所画的《老子骑牛图》

历史的兴衰

一天夜晚,他凝视星空,忽然看见东方紫云聚集,形若飞龙,由东向西滚滚而来,他预感将有圣人从此经过。七月的一天下午,一白发老翁,红颜大耳,道骨仙貌,骑青牛而来,尹喜跪在青牛前,恳请老子无论如何也要在此住上几天,将老人家的智慧写出一点留下来。

老子在函谷关住下后,尹喜对老子十分尊敬,不仅一天三宴,而且亲自为老子铺床叠被,照顾起居,异常周到。老子见尹喜如此盛情,人又心慈面善,气质纯清,于是,就在函谷关写下了5000字的传世之书。

书中以历代王朝兴衰成败、百姓安危祸福为借鉴,回溯其源头,分上、下两篇。上篇起首为"道可道,非常道;名可名,非常名"("道"是不可以用言语来说明的,否则,它一定是失去道的真实含义了),故人称《道经》。下篇起首为"上德不德,是以有德;下德不失德,是以无德"(具有上乘品德的人,从来不求形式上的"德",这才是真正具备了"德";而下乘品德的人,从来不放弃在形式上对"德"的追求,这实际上没有具备"德"),故人称为《德经》,合称《道德经》。《道经》阐述宇宙的根本是什么;《德经》论说处世的方法。

书稿完成后,老子辞别尹喜,骑着青牛离开函谷关,继续西行。这就是历史上有名的"老子函谷留书"。

《老子骑牛图》,明,张路。纸本设色,纵101.5厘米,横55.3厘米,中国台北故宫博物院藏
笔势狂放而草率,人物结构准确,基本合乎人体比例。人物的面部刻画得非常传神,衣纹的穿插也灵活巧妙,整个人物给人一气呵成之感,形象生动而富有情致。此图不写背景,老子坐于青牛背上,手持《道德经》卷,正抬眼注视着一只飞蝠

儒家学派创始人孔子

孔子是中国古代著名的思想家、教育家、儒家学派创始人。相传他有弟子三千，贤弟子七十二人，孔子曾带领弟子周游列国14年。孔子还是一位古文献整理家，曾修《诗》、《书》，定《礼》、《乐》，序《周易》，作《春秋》。孔子的思想及学说对后世产生了极其深远的影响。

"圣人之后"

孔子的父亲叫叔梁纥，鲁国陬邑大夫。叔梁纥先后娶了三个妻子：第一个妻子无子，生了9个女儿；第二个妻子生了一个儿子，可脚有毛病，是个残疾；于是又娶了第三位妻子颜征在。当时叔梁纥已66岁，颜征在还不到20岁。据传叔梁纥夫妇为了生一个健全的儿子，亲自到附近的尼丘山祈祷，野合受孕。虽然受孕是在野外，孔子出生地还是在鲁国陬邑（今山东曲阜东南）家中。因亲祷于尼丘山，排行老二，所以孔子名丘，字仲尼。另一说法，孔子出生时，头顶内凹（圩顶），有如山丘，所以起名为丘。

孔子3岁时，父亲死了，因生母颜氏是妾，不能世袭大夫，孔子的身份只能为"士"。孔子年轻时非常懂礼，与孔子同时的鲁国大夫孟僖子临死前对他的儿子说，孔子

孔子像，传唐代吴道子画，清代改画并刻碑，现藏曲阜孔庙

是"圣人之后",今天虽不出名,有朝一日定会飞黄腾达,你们一定要拜他为师。

孟僖子为什么说孔子是"圣人之后"呢?孔子本姓子,是商王室的后代,也就是商汤的后代。当初舜帝的大臣契因为辅佐大禹治水有功,被舜赐姓为"子氏"。契的母亲简狄是帝喾的次妃,帝喾是黄帝的曾孙。契的第十七代孙即商汤。孔子是商汤的后代,也是黄帝的嫡系后人,自然是"圣人之后"。

周灭商,子氏子孙由帝王家沦为诸侯,微子被封于宋。宋国王室内乱,有一个叫孔防叔的贵族跑到鲁国避乱,宋国人变成了鲁国人,一代一代传衍,发展成今天的孔氏家族。

孔子家族因为出了一位孔圣人,孔门后人皆以孔姓为骄傲,孔氏族谱也就成了迄今为止国内外保存得最长久和最完整的族谱。

宋代孔子像

马麟,南宋大画家,擅画人物、山水、花鸟,用笔圆劲,轩昂洒落。此图线条厚重质朴,衣袖纹斑用笔别致,体现出兽毛蓬松之感

孔子仕鲁

孔子是一位智者，是一位政治家、思想家、教育家。他在思想上、教育上都取得了鲜可比及的成就，唯独在政治上孔子是步履艰难。而他一生最感兴趣、倾注心血最多的恐怕也是政治。他一生做梦都想当官，认为在当时的中国，只有像周公那样国柄在手，才能实现自己的理想。《史记》记载，孔子小的时候玩的游戏都带有政治色彩，"陈俎豆、设礼容"，常把祭祀时存放供品的方形和圆形俎豆等祭器摆列出来。

孔子自20多岁起，做过收税和管农事的小官。官虽小，他通过这一窗口有机会了解天下大事，了解治理国家的各种问题，有

《圣迹图》，明人绘

《子路问津》，明代仇英绘

机会进行针对性的思考。大约在30岁左右，孔子开始形成一套完整的社会改良方案。他以《易经》中"和"的思想为出发点，肯定周礼中尊卑有序、上下有节的社会秩序的合理性，并注入了充满人文精神的"仁"的内核。同时，他设定教育为改良社会的起点。

孔子满怀对未来的美好憧憬，一步步接近政坛核心。孔子到处宣传，到处碰壁，但他"明知不可为而为之"。

孔子35岁那年，鲁国发生内乱，鲁昭公逃往齐国，主持鲁国祭祀的孔子也追随到齐国。齐国大臣欲加害于他，孔子又仓皇逃回鲁国。

孔子一生从事时间最长的职业是祭祀，但他并不满足于此，一直为进入直接治理国家的行列而不懈地努力着。孔子从祭祀的队伍挤进直接管理国家的队伍并不顺利，从太庙到行政管理部门只几百米的路，孔子走了将近30年。直到51岁，鲁定公才任命孔子为中都宰，即鲁国西部的一个地方行政长官。第二年，被提升为司空，相当于现在的建设部长，后来又负责司法，任鲁国司寇，负责社会治安。最后做鲁国宰相。孔子54岁时摄行相事。为了提高国君的权威，提出"堕三都、抑三桓"（鲁国三家大夫）的主张，结果遭到三家大夫的反对，未能成功。

孔子《圣迹图》，彩绘绢本共36幅。绘制依据主要是《史记·孔子世家》，文字也多用原作，选择的是孔子生平中比较重要的行迹，但由于有些重要事件并未记载，因此怀疑原本可能没有全部保存，今存的只是残本。《圣迹图》是现存最早，以反映人物事迹为主，具有完整故事情节的连环图画。它图文并茂，择要介绍孔子的一生主要的行迹，是一部形象化的孔子编年史。设色鲜明，绘画精细，人物生动传神，具有较高的历史和艺术价值。

周游列国

孔子55岁至68岁之间，周游列国14年。

孔子摄行相事时，鲁国的社会政治经济都有所发展，齐国听说后，担心鲁国称霸会吞并齐国，采用人臣建议，送80名美女、30匹骏马到鲁国，鲁国接受了，从此君臣迷恋歌舞，疏理朝政，孔子非常失望。不久鲁国举行郊祭，祭祀后按惯例送祭肉给大夫们时并没有送给孔子，这表明鲁国已不想再任用孔子了，孔子在不得已的情况下离开鲁国，到外国去寻找出路，开始了被后人称为"周游列国"的流亡之旅。14年中，东奔西走，多次遇到危险，险些丧命。

孔子离开鲁国去卫国，从卫国去陈国，路过匡地。鲁国的阳虎曾施暴于匡人，而孔子长得像阳虎，匡人就把孔子师徒围拘了5天。孔子派随从求助于卫国大夫宁武子才解了围，离开匡地。

孔子从陈、蔡（今河南东部）至楚国途中，被一河流挡住了，孔子派子路去问路。子路在田地里看见两个种田人，这两人都是有学问的隐士。他们不但不肯回答，反而问子路："你们车上那人是谁呀？"子路说："那是我的老师，他叫孔丘。"隐士说："啊！原来是鲁国的孔丘呀，他应该什么都知道呀，怎能不知道渡口呢？"说完，便埋头劳作不再理他。子路把问津经过告诉了孔子。孔子怅然长叹："人应该是有社会责任感的，怎能置天下苍生而不顾隐居山林呢？如果天下太平了，我们也就不用四处奔波了。"孔子师徒只好冒险涉

水过河。

鲁哀公六年（公元前489年），楚国派人聘请孔子到楚国去，陈、蔡的大夫们担心楚国重用孔子会给陈、蔡带来危险，于是共同发兵将孔子师徒包围在旷野里。粮食吃光了，跟随的人饿得起不来，孔子仍然讲诵诗书、抚琴歌咏。子路愤愤不平地对孔子说："难道君子也有穷困的时候吗？"孔子说："君子安守穷困，小人穷困便会胡作非为。"后来派子贡到楚国请求救兵，孔子师徒才免于一死。

孔子周游列国，走了近10个国家。孔子想把他的政治主张推广到他所到过的国家，结果无一能成。唯一可以称道的，这是一次漫长的"文化长征"。他所到之处，政治主张无人感兴趣，他宣扬的人文理念"仁义"还是得到了许多人的赞同。

豳风图卷（部分），南宋马和之作，绢本设色，纵27.7厘米×673.5厘米。北京故宫博物院藏

孔子讲学图

归鲁著述授徒

孔子68岁那年，经在鲁国做官的弟子冉有的说情，鲁国执政大夫季康子才派人把孔子请回了鲁国。孔子回到鲁国，虽被尊为"国老"，但始终不被重用。孔子晚年不再追求仕途，自称"不怨天，不尤人，下学而上达"，闭门自学，潜心研究礼仪，致力于整理文献和继续从事教育。

从西周至孔子时期，传下古诗数千篇，孔子将其删定成305篇，并分为"风""雅""颂"三类，即流传下来的《诗经》文本。孔子删选古代诗歌，不是简单地删选，还对《诗经》的主旨、作用做了解说。如："《诗》三百，一言以蔽之，曰：思无邪。"孔子删定《诗经》，最初的本意应该是为他的弟子们提供一部教材，孔子可能也没有想到，他编的这部教材是中国文学史上的第一部诗歌作品集。

《春秋》是鲁国史官实录，记载了从鲁隐公元年（公元前722年）至鲁哀公十四年（公元前481年）共242年的鲁

国历史大事。鲁国《春秋》能够流传下来是孔子呕心沥血编订的结果。据说孔子在编订《春秋》时，在文字中寓寄了自己很多主张和思想，创立了后人所谓"微言大义"的"春秋笔法"，即文辞简约而内寓褒贬。"一字之褒，如同华衮之荣；一字之贬，无异斧钺之诛"。孟子说："孔子成《春秋》而乱臣贼子惧。"

《春秋》记载的是242年间诸侯攻伐、盟会、篡弑及祭祀、灾异、礼俗等历史。这么复杂的历史，仅用了16000余字，平均一年不足70个字。它所记载的鲁国十二公的世次年代，经后人考证完全正确，所记日食与西方学者所著《蚀经》相比，互相符合的有30多次。孔子修《春秋》开利用原始记录重写历史之先河，为此后2000多年中国史学发展奠定了基础。

《易》是周代上流社会的常见典籍，它的主要作用是用来占卜吉凶。孔子超越时人的地方不是否定《易》的占卜功能，而是更多地关注它的道德因素。

《汉书》记《易》说，"人更三圣，世历三古"，认为《易》的早期发展史分为三个重要阶段：伏羲始作八卦、周文王由八卦演为六十四卦和第三阶段孔子作《易传》。孔子作《易传》，绕开卜筮，重在阐发易理。孔子以其非凡的慧觉发现了蕴含于《易》之中的丰富哲理，于是作《易传》10篇（又称"十翼"）予以系统阐发。古时"易""老"并称，《易》与《老子》确实是中国哲学的"双璧"，是两篇不朽的哲学文献。

孔子自己"学无常师"，孔子办学，顺应形势，及时打出"有教无类"的旗帜，以私人身份招徒讲学，创办了中国历史上第一所私人学校。他先后选编了《诗》《书》《礼》《乐》《易》

《春秋》六种教材；将弟子分为"文、行、忠、信"，即文学、品行、忠心和信实四科进行教育。孔子在教育方法上注重因材施教，提出举一反三，主张温故而知新，"多闻阙疑""学而不思则罔，思而不学则殆"，从而形成一整套行之有效的教育方法。

孔子有弟子三千，身通六艺者七十二人。其中有的弟子在精通六艺基础上又形成了专业特长，即德行、言语、政事、文学四科。德行科，有颜回、冉伯牛等。其中颜回品行最高，"三月不违仁"。言语科，擅长外交辞令，有宰我、子贡。政事科，长于兵刑政务，有冉有、季路。文学科，指精通古典文献，有子游、子夏。从现在保存下来的资料看，孔子弟子中有很多人属于德才兼备，无愧贤者之称，这些当然都是孔子尽心教诲的成果。

《圣迹图》，明人绘

历史的兴衰

战国铜冰鉴

战国时代

随着铁器的使用和牛耕的推广，春秋中后期，各诸侯国的经济得到不同程度的发展，内部卿大夫的势力逐渐发展起来。著名的如鲁国的三桓，齐国的田氏，晋国的六卿。他们利用自己的经济实力，控制王室，互相争斗，扩充领地。晋国的六卿争斗到最后，剩下韩、魏、赵三家，齐国的田氏自立为国君，周王被迫予以一一承认。三晋和田氏的胜利，宣布了强者为王、弱者为奴的战国法则。

为避免成为弱肉强食法则的牺牲品，各

牺背立人擎盘，战国早期
战国时期，青铜器生活化的特征更加明显，其铸造和使用进一步普及，逐步走进人们的日常生活之中

曾侯乙的"大金饭碗"云纹金盏
1978年出土于湖北随州市擂鼓墩曾侯乙墓。该墓为战国初期曾（随）国国君乙的墓葬，葬于公元前433年或稍后

国争相进行以富国强兵为目标的变法运动。变法运动使国库收入增加的同时,控制国库的统治者对物质的贪欲也急骤膨胀,满足这种膨胀需求最直接的办法,是掠夺更多的土地,而掠夺土地的最便捷的途径是战争。据统计,从公元前475年至公元前221年的255年中,大小战争打了230次。西汉末年的刘向,将这段历史的各种资料编成一本书,取名《战国策》,从此,人们就将这一历史阶段称为战国时期。

战国牛虎铜案

曾侯乙尊盘

曾侯乙墓主人45岁左右;殉葬者为13—25岁的女性。墓中共出土随葬品万件以上。其中曾侯乙编钟一套65件,是迄今发现的最完整最大的一套青铜编钟。

曾侯乙墓出土的青铜礼器主要有镬鼎2件、升鼎9件、饲鼎9件、簋8件、簠4件、大尊缶1对、联座壶1对、冰鉴1对、尊盘一套2件及盥缶4件等。其中尊盘系用先进的失蜡法铸造,表现出战国时期青铜冶铸业所达到的高水平

战国青铜器

战国早期长杆三戈戟头部

韩赵魏三家瓜分晋国

经过春秋时期长期的争霸战争，许多小的诸侯国被大国并吞了。有的大国内部的大权旁落了。如一向在中原称霸的晋国，国家的实权在这个时候就被六家大夫把持着。他们各有各的地盘和武装，互相攻伐。后来六家剩下知（亦作"智"）、赵、韩、魏四家。这四家中，又以知家的势力最大。

知家对三家说："为了使晋国强大起来，夺回中原霸主的地位，我们每家都拿出一百里土地和户口来归给公家。"三家大夫都知道这"公家"实际上就是"知家"，可韩、魏两家还是屈服知家，唯独赵家坚决不从。知伯瑶便带领韩、魏两家攻打赵家。

赵襄子自知寡不敌众，退守晋阳（今山西太原市）。知、韩、魏三家追到晋阳，把晋阳城团团围住。赵襄子采取坚守不战策略，一守就是3年。

公元前453年，知伯瑶命军队引汾水淹灌晋阳城。晋阳城内一片汪洋。赵襄子急派使者出城，夜见韩、魏两家，揭露知家各个击破的阴谋。本来魏、韩两家对知家的真实打算早有警觉，只是单独任何一家都无力对付知家。现在，知家水淹晋阳，使他们感到危机已日益逼近，因为魏、韩两家的封邑旁边也各有一条河道，与晋阳地势相近，如果赵国灭亡了，知家有可能重复水淹晋阳的战略。与其日后被各个击破，不如现在三家联合，起而自救。

韩、魏与赵家秘密联合起来，在知家全然不知的情况下，擒杀了知伯瑶，大败知军。三家灭掉知氏后，平分了晋国的土地。

公元前403年，周天子把三家正式封为诸侯。此后，韩、赵、魏成为中原大国，与秦、齐、楚、燕并称"战国七雄"。

战国十五连盏铜灯

历史的兴衰

商鞅南门立木

在战国七雄中,秦国比中原各诸侯国落后一些。公元前361年,秦国的新君秦孝公即位。他下了一道命令:"不论是谁,不论他是哪国人,只要他能想办法使秦国富强起来,我就封他做官。"

卫国贵族公孙鞅(就是后来的商鞅),初为魏相公叔痤家臣,后入秦,游说秦孝公变法。秦孝公拜商鞅为左庶长(秦国的官名),负责变法。商鞅在秦孝公的支持下,制定了变法条款,主要内容是:废除旧贵族的世袭特权,制定按军功大小给予爵位的20等爵制;推行郡县制度;废除井田制,允许土地公开买卖;创立按丁征赋办法,规定一户有两个男子必须分居,否则加倍征赋;颁布法定度量衡器,统一度量衡;有功者可华屋丽服,无功者有钱也只能陋室素衣。

改革的法令有了,怎样在百姓中迅速推行呢?商鞅为了树立威信,先叫人在都城的南门竖了一根3丈高的木头,旁边贴一告示:

商鞅铜方升

春秋战国时期,各国为商业交换和征收赋税的方便,都很重视度量衡的统一

青铜犀尊，战国，出土于陕西兴平市

春秋战国时期的动物雕塑以创作形象上的自由、生动而著称，并取得了巨大成就。当时的动物雕塑大量出现在日用品中，犀尊就是当时一种比较典型的盛酒器。从商代到战国，人们把犀牛和象视为神奇的动物，并创作了很多带有犀牛或象等形象的酒器，被称为犀尊或象尊。这种酒器一般背上有盖，顶端的左侧伸出一根细管以便倒酒。这件在兴平出土的青铜犀尊就是其中最精彩的作品。

器物全身运用了当时已经十分发达的金银错工艺，并装饰以华丽的金银错流云纹，镶嵌以非常细密的金丝，象征着身上的毛发，既显得华贵，又不影响形体完整，体现了艺术家的匠心独具

"谁能把这根木头扛到北门，赏10两金子。"大家议论纷纷，谁也不相信天底下有这么容易的事。围观的人越聚越多，就是没一个人扛木头。

商鞅见百姓不相信他的命令，就把赏金提到50两。正在大伙儿议论纷纷的时候，人群中有一个人跑出来说："不管是真是假，试试再说。"说罢，就把木头扛到了北门。商鞅立刻派人赏给50两金子。

这件事很快传遍了秦国。同时，变法新政的内容也传遍了秦国的各个角落。

过了10年，秦国富强了起来，周天子派遣使者送祭肉来给秦孝公，封他为"方伯"（一方诸侯的首领），中原的诸侯国也纷纷向秦国道贺。

历史的兴衰

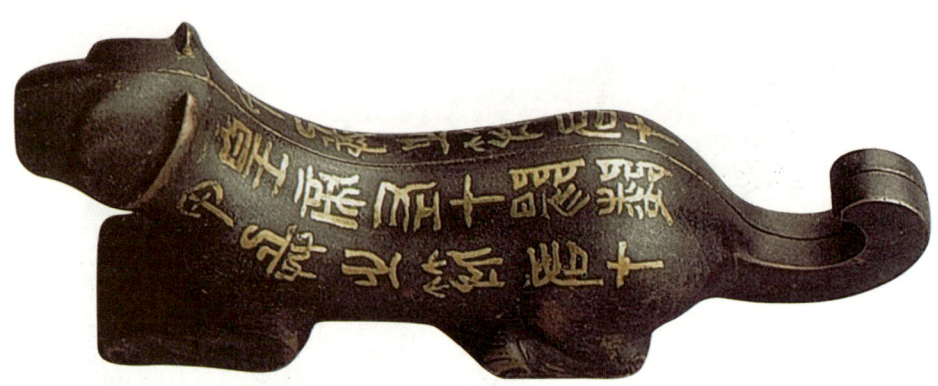

虎符

兵符,因状若伏虎而称为虎符。它是古代帝王授予臣属兵权和调拨军队用的信物。用铜铸成虎形,背上铸有铭文,分为左右两半,左半发给地方官吏或统兵的将帅,右半留存在中央。调拨军队时,须由使臣持符验合,方能生效。虎符盛行于战国、秦、汉。
此件阳陵虎符有铭文"甲兵之符,右在皇帝,左在阳陵",是秦始皇统一六国后颁发给阳陵驻守将领的虎符。12字铭文是先在虎身上镂刻阴文,再将金丝嵌入阴文之内,最后镂平打磨光亮,至今仍耀眼如新。铭文字体规整挺秀,刚劲有力。现藏于中国国家博物馆

秦王统一六国

从公元前356年,秦孝公任用商鞅变法改革到秦王政的100多年间,秦国发生了翻天覆地的变化:军事制度上,实行按郡县征兵,提高了军事实力,使秦国"战车千乘,奋击百万";军事策略上,改变了劳师远征的打法,采用范雎远交近攻的策略;由于国力的增强,地理优势也凸显出来,"西有巴蜀、汉中之利,北有胡貉、代马之用,南有巫山、黔中之险,东有崤函之固",进可攻,退可守。秦国的战略优势为其统一六国打下了基础。

与此同时,其他六国的统治集团内部相互倾轧,政局动荡。各国之间因长期战争,国力被削弱。六国面对强秦的威胁,虽然屡次合纵抗秦,"合众弱以攻一强",但在秦国连衡(亦作"横")策略下被各个击破。

周赧王三十七年(公元前278年),秦军攻破楚都郢城,揭开了秦国统一战争的序幕。楚国为避开秦军威胁,迁都于陈(今河南淮阳),爱国诗人屈原痛感国家沦亡,投汨罗江自尽。

公元前246年,秦庄襄王死,13岁的秦王政继位,他就是后来的秦始皇。秦王政六年(公元前241年)粉碎了楚、赵、魏、韩等国最后一次合纵抗秦的军事进攻,还用反间计除掉了反秦最激烈的魏信陵君。

公元前238年,22岁的秦王政铲除了丞相吕不韦和长信侯嫪毐集团,开始亲政,并周密部署统一六国的战争。秦王确立以"灭诸侯,成帝业,为天下一统"为目标,以远交近攻为原则,笼络地理上离秦最远的燕国和齐国,稳住不远不近的楚国和魏国,消灭与秦相邻最近的韩

透雕蟠螭纹铜镜,战国

《九歌图卷》,南宋

荆轲刺秦王

荆轲刺秦王是一个悲壮动人、传诵千古的历史故事。

事情发生在战国末期的公元前227年,即秦统一中国前六年。当时,秦统一全国的趋势已不可逆转:韩国已经不存在了,楚、魏、赵三国已名存实亡,燕国和齐国也危在旦夕。

当初,燕国为交好于秦国,曾将太子丹送到秦国当作人质,太子丹在公元前232年逃回燕国。为了抵抗强秦的大举进攻,太子丹想派勇士刺杀秦王,然后再乘秦国大乱,联合诸侯共同破秦。荆轲奉命前往。

荆轲出发时,太子丹及宾客都穿白衣戴白帽到易水边为他饯行。荆轲慷慨悲壮地唱到:"风萧萧兮易水寒,壮士一去兮不复还!"唱完上车离去。

荆轲到了秦国,买通秦王宠臣,才有机会在咸阳宫受到秦王接见。荆轲献呈燕国地图时,卷在里面的匕首露了出来。荆轲拿起匕首向秦王刺去。秦王绕殿柱奔逃,并拔出长剑,刺断荆轲左腿。荆轲坐在地上将匕首向秦王掷出,没有刺中。荆轲倚柱长笑,大骂秦王,后被杀。

国和赵国。在这种战略方针指导下,一场统一战争开始了。

公元前230年,秦军攻占韩国都城阳翟(今河南禹州市),俘虏韩王安,在韩地设置颍川郡,韩国灭亡。

公元前228年,秦军向赵国发起总攻,俘虏赵王迁,赵国亡。赵公子嘉率百余人逃到代,自立为代王。

秦国在攻赵的同时,兵临燕境。燕国无力抵抗,太子丹企图以刺杀秦王的办法以挽回败局。

秦王政以燕国派刺客为借口,派王翦率兵攻打燕国,秦军在易水(今河北易县境内)大败燕军。攻陷燕国都蓟(今北京市),燕王喜与太子丹率残部逃到辽东(今辽宁辽阳市),苟延残喘,燕国名存实亡。

《荆轲刺秦王图》，汉代石刻

秦国灭掉韩、赵，重创燕国，北方大部分地区为秦所有，地处中原的魏国陷于孤立。

公元前225年，秦将王贲率军攻魏，引黄河水灌魏都大梁城，魏国灭亡。

中原魏国灭亡的第二年，秦军南下进攻楚国，公元前222年，掳获楚王负刍，改楚地为郡县，楚亡。

五国灭亡后，只剩下最东面的齐国和最北面的燕赵残余，公元前222年，秦将王贲率军歼灭了辽东燕军，回师途中又在代北（今山西代县）俘获赵国余部代王嘉，然后由燕地乘虚直逼齐国。在秦国大兵压境的形势下，齐王建不战而降，公元前221年，齐国灭亡，秦灭六国的战争遂告胜利结束。

双龙玉佩，战国

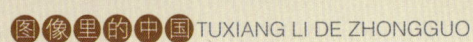

历史的兴衰

秦始皇：
中国历史上的第一个皇帝

秦始皇（前259—前210），嬴姓，名政，秦庄襄王之子。13岁继承了秦国王位，但朝政掌控在母后和相国吕不韦手中。据说，他的母后一直与吕不韦私通，后来又喜欢上一个叫嫪毐的宦官。秦始皇21岁举行加冕礼那一天，嫪毐发动了反叛，秦始皇早有准备，发兵镇压，并借此机会株连铲除了吕不韦，把母后的权力也全部剥夺了。大权在握后，他一心致力于统一天下的大业，38岁那年，六国灭亡，天下一统于秦。第二年，秦始皇称帝。

秦始皇是中国历史上一位雄才大略的君主，其非凡的功绩在中国帝王中也只有数人能与之相比秦朝是中国第一个统一的多民族中央集权封建王朝。秦朝虽然只存在了10多年的时间,但它所建立的政治制度对于中国政治、经济和文化的统一和发展起了巨大的作用。

秦始皇以武力平定六国之后,建立起统一国家的当年,就在政治制度方面,废止了自周公以来实行了800多年的分封诸侯制度,创建了中央集权制度。这种制度是在战国时期各国不断变法的基础上逐步发展起来的,秦始皇把这一制度先在秦国系统化、完善化,兼并六国后,将其推行全国。这一制度自中央到地方由三个主要环节构成。

第一个环节是元首制,即"皇帝"制度。夏、商、周三代时,制度不严,西周以王为国家元首,一些边远地区诸侯也自称为王。到了战国中期以后,中原地区的诸侯相继称王。秦王嬴政消灭六国、统一中国之后,认为"天下大定,今名号不更,无以称成功,传后世"。大臣李斯等也说,秦王所建之国,地大于五帝,民多于五帝,国富于五帝,秦王"德兼三皇,功高五帝",因而不能再用"王"的称号,应该找一个与他的功绩相配、更加尊贵的称号。于是,君臣协议,由秦王裁定,号曰"皇帝"。因嬴政为历史上的第一个皇帝,所以自称始皇帝。他还规定:子孙接替他皇位时按照次序,称二

清代袁耀《阿房宫图》

世、三世……万世，传之无穷。这就是"秦始皇"这一称呼的由来。

皇帝拥有至高无上的权力，天下各级官员都由皇帝任免，皆按皇帝一人之令办事，天下军队唯由皇帝一人调动。不再像西周那样分封诸侯，各管一地，致使最后诸侯各自独立，中央无法控制。

为了维护皇帝的尊严，对名称也做了规定：皇帝自称用"朕"，皇帝的命称为"制"，令称为"诏"。皇帝的印信专门用玉做成，叫作玉玺。而且只有皇帝的印信才能叫作玺。同时，皇帝的妻子称"皇后"，父亲称"太上皇"，母亲称"皇太后"。

从此，中国历史上无论哪个朝代，最高统治者不管权力多大，也不管权力有多小；不管是马上君主，还是襁褓国王；不管这最高统治者的地位是依法承继的，还是以武力或阴谋夺取的，无一例外地都称为"皇帝"。"朕""制""诏""皇后""皇太后"等称呼，统统都继承了下来。

知识窗

奇货可居

秦始皇父亲秦庄襄王嬴子楚年轻时曾在赵国为人质，名为秦国公子异人。卫国商人吕不韦在赵国都城邯郸经商，见到异人后，认为异人就像一件奇货，可以囤积居奇，以待高价售出。于是插手秦国政治，在异人身上做文章。他用金钱铺路，帮异人逃回秦国并改名为子楚。吕不韦用各种手段，使子楚最终登上秦王之位，即秦庄襄王。吕不韦自然得到了他所要求的一切，成为秦国丞相，被封文信侯，掌握秦国大权。秦庄襄王在位时间很短，仅三年就死了，由13岁的太子政继位（时称为秦王政），吕不韦辅政。这就是成语"奇货可居"的典源。

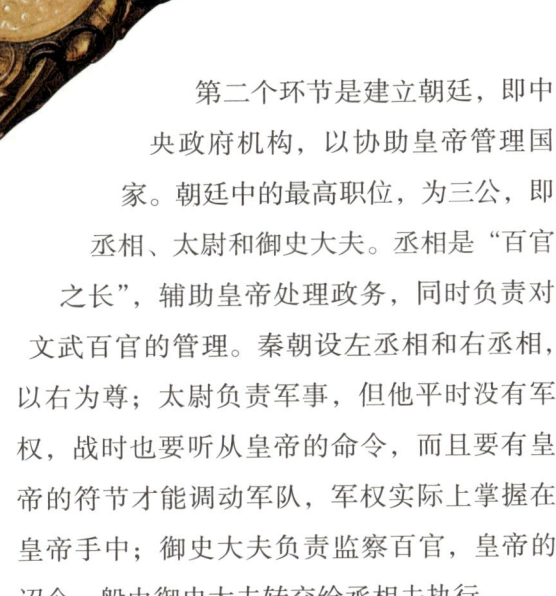

战国时期的大型带钩,白银铸造,通体鎏金,整体长18.4厘米,宽4.9厘米。现藏于中国国家博物馆

第二个环节是建立朝廷,即中央政府机构,以协助皇帝管理国家。朝廷中的最高职位,为三公,即丞相、太尉和御史大夫。丞相是"百官之长",辅助皇帝处理政务,同时负责对文武百官的管理。秦朝设左丞相和右丞相,以右为尊;太尉负责军事,但他平时没有军权,战时也要听从皇帝的命令,而且要有皇帝的符节才能调动军队,军权实际上掌握在皇帝手中;御史大夫负责监察百官,皇帝的诏令一般由御史大夫转交给丞相去执行。

三公的下面设九卿,分领庶政。如奉常,掌管宗庙礼仪;郎中令,负责传达皇帝命令,以及皇帝的警卫;卫尉,负责宫廷警卫;太仆,主要工作是负责侍从皇帝,掌管皇帝的车马;廷尉,掌管全国的司法事务,负责审理重案要案;典客,负责国家的外交事务,同时负责内部少数民族的事务;宗正,管理皇室事务,掌管皇室、宗室谱系、名籍;治粟内史,管理中央财政,并负责全国的税收工作;少府,管理归皇帝私有的山泽湖泊和

秦始皇、秦二世双诏版

亦称"秦量诏版"。青铜制。刻秦始皇二十六年（公元前221年）统一度量衡诏书，有的刻秦二世元年（公元前209年）同类诏书，或二诏合刻

宫廷手工业，负责皇帝的生活供应。

三公九卿各有自己的府寺部属，以处理日常事务。大事总汇于丞相，最后由皇帝裁决。

西周时的政治制度基本上脱胎于血缘家族，是一种贵族种姓政治。国王之下没有明确的办事机构，为国王办事的职事人员为"世卿世禄"，家事国事没什么界限，国王的家事就是国事，国事也被视为国王的家事。秦代的三公九卿虽然也受命于皇帝一人，但职有所分，官有所等，禄有所别，公私有所分，绩效有所察，升迁有所依，为此后历代王朝的中央机构开创了有效模式。

第三个环节是地方行政制度，即郡、县两级制。秦国用武力将六国并入了自己版图，版图扩大了，但围绕怎样治理突然间扩大了数倍的国家，当时也没有成型的方案。在一次朝会上，丞相王绾建议，鉴于燕、楚、齐三国离咸阳很远，应该把几位皇子封到那里去为王。许多大臣都赞成王绾的意见，只有李斯反对。他说，周武王建立周朝的时候，将子弟封到各地为诸侯。几

代之后，诸侯的关系就与中央逐渐疏远，不可能像原来那样团结，致使周朝最后分崩离析，天子也无法控制这种局面。应该改分封制为郡县制，由皇帝亲自任命官吏进行治理，罢免权也操纵在皇帝手里。这样就能使天下长期稳定，政权永远掌握在皇帝的手里。秦始皇采纳了李斯的建议，在全国设立了36郡，郡下面再分县。郡设三长，郡守为一郡之长，掌管政治、军事；郡尉专管军事；郡监专管监察。郡下设县若干，大县（万户以上）的主管称县令，小县（万户以下）称县长。县以下依次是乡、亭、里、什、伍，是一种准军事化的管理体制，基层百姓5家为一个单位，由伍长负责。什则由10家组成，由什长负责。

秦始皇所确立的中央集权制，是在消除了几百年来的分封和割据局面后建立起来的。面对这一新型的政权，那些被消灭的六国旧贵族以及因循守旧的儒生对它怀有敌意和不满，为此，秦始皇采取了几个重要措施：

实行土地使用权私有制。公元前216年，秦始皇下令让老百姓（黔首）如实上报自己的所有土地（包括耕地和休耕地），在全国范围内推行土地使用权私有制。与此同时，秦始皇也对赋税制度进行了完善。新的赋税分为田租、口赋和杂赋三种。田租是按土地征粮，租率约为十分之一；口赋是按人头征钱，每人约缴120钱；杂赋一般是临时性的征调。

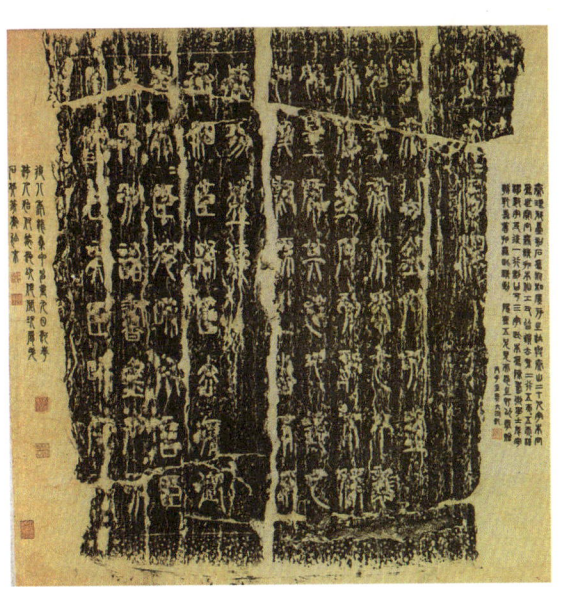

琅琊台石刻

实行重农抑商政策。重农抑商是秦国在商鞅变法时期制定的基本国策。秦始皇在琅琊台石刻中说："上农除末，

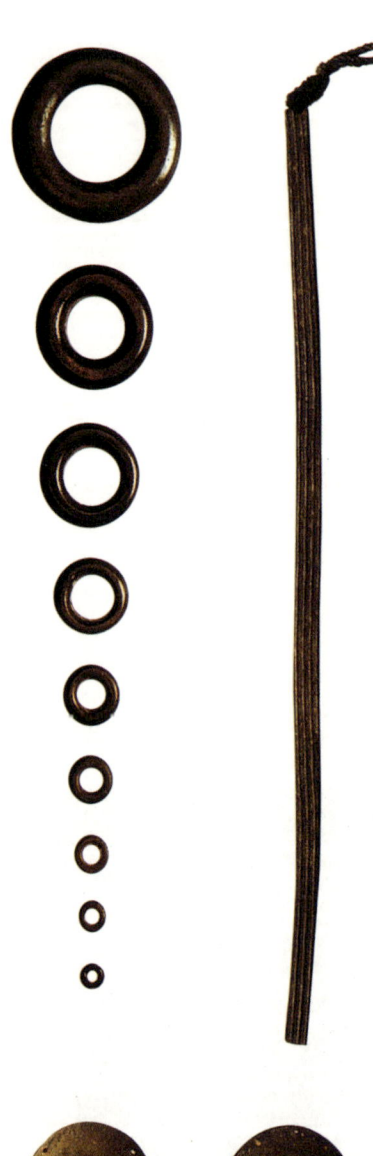

天称和环权。战国楚，衡器。
1954年湖南省长沙市左家公山出土

黔首是富"。"上农"就是鼓励农业和手工业，"除末"则是打击商业以及其他与农业无关的经济活动。其目的在于保护封建所有制，维持以农业生产为基础的社会秩序。

统一货币。秦王朝建立之前，六国货币形态各异。齐、燕使用刀状形货币，韩、赵、魏用布状形货币，楚国流通小型蚁鼻钱。秦统一中国后，废除各国原用货币，采用"半两"圆钱为通行全国的法定货币。从此这种外圆内方的钱币形式，在中国保持了2000多年，一直到清末民初。

秦代货币，以黄金（金饼）为上币，以铜质圆形方孔的半两钱为下币。秦半两钱面铸篆书阳文"半两"二字，

秦权　　　　　　　　　　秦代的陶量：铁权和铜权

史称"重如其文",即实重为秦衡制中的"半两"。秦代铜钱圆形方孔,规格一致;个体轻巧,便于携带,是一种进步的币制形式。钱范为铸造"半两"钱的模具。

统一度量衡。秦始皇下令废除六国旧度量衡,以商鞅制定的秦制为标准,"一法度衡石丈尺"。统一全国的度量衡:度为寸、尺、丈、引;量为桶(斛)、斗、升、合、龠;衡为铢、两、斤、钧、石。当时所下诏书文曰:"廿六年,皇帝尽并兼天下诸侯,黔首大安,立号为皇帝,乃诏丞相状、绾,法度量则不壹,歉疑者,皆明壹之。"在历代发现的为数众多的秦权和量器上,都带有这一诏书的全文。这说明了秦始皇对于统一度量衡一举是很重视的。

统一文字。中国的文字起源甚早,但到春秋战国时期,出现了"文字异形"的现象,同样一个字,在不同的地方有不同的写法。秦统一后,采取了"书同文"的措施。公元前221年,下令对"六国文字"进行整理,规定以秦国原来的文字为基础,废除与秦文不合的文字;简化字形,将小篆作为规范文字,以李斯的《仓颉》、赵高的《爰历》和胡毋敬的《博学》为范本,在全国推广。后来程邈改进的隶书比小篆更容易书写,秦始皇也予以推广。从此,小篆和隶书成了全国通行的字体。

秦代兽纹瓦当

秦代太阳纹瓦当

统一车轨。为了保护路面,提高道路的使用效率,秦规定大车的两轮之间统一宽度为6尺,史称"车同轨"。秦代1尺合今23.1厘米,6尺即相当于现在的138.6厘米。当时陆上的交通工具除马之外,主要是车。车以马车为主,其次是牛车和其他类型的车。车轨统一后,无论是什么车都可以在全国各地的交通大道上畅通无阻。

修筑长城。秦始皇为了巩固统一帝国的安全,防御北方游牧民族匈奴的侵扰,便大修长城。长城修筑的历史可上溯到公元前9世纪的西周时期,周王朝曾修筑连续排列的城堡"列城"以防边界敌人的进攻。春秋战国时期,列国争霸,大小诸侯国都相继修筑

知识窗

瓦当

　　瓦当是中国古代建筑物上接近屋檐的最下一个筒瓦的瓦头。形状有半圆或圆形,它既有保护房屋椽子免受风雨侵蚀的实用功能,又有美化屋檐的装饰功能。

　　西周时,瓦当多为素面半圆形。战国时,七雄争霸,各国所用的瓦当具有浓厚的地方特色,但基本上是以图像瓦当为多。秦代瓦当以动物纹饰为主,有鹿蛇纹、虎纹、凤鸟纹、蟾蜍纹、獾纹、虎雁纹、鹿纹、虎鹿纹等。这些动物纹饰构图简洁形象,栩栩如生,令人浮想联翩。

长城以自卫。秦把以前燕、赵、秦等国的北部城墙连接起来。这样，就形成了西起甘肃临洮（今岷县）、东到辽东的万余里的长城，这就是著名的万里长城。

长城自公元前9世纪开始，直到清朝，历代续修，修筑时间延续了2000多年，总长度达50000多千米，被称之为"上下两千多年，纵横十万余里"。如此浩大的工程不仅在中国，就是在世界上也是绝无仅有的。因而2007年7月8日，世界"新七大奇迹"评选在葡萄牙首都里斯本揭晓，中国长城位居榜首。

长城不只是一道建在中国北部的长墙，而是由长墙、敌楼、关城、墩堡、营城、卫

长城

所、镇城烽火台等多种防御工事所组成的一个完整的防御工程体系。秦代"因地形，用险制塞""就地取材、因材施用"等建筑原则，一直为后世所遵循。

长城建于高山峻岭或平原险阻之处，根据地形和防御功能的需要而修建。平原或要隘处城墙高大坚固，高山险要处要低矮一些。一般平均高七八米，底部厚六七米，墙顶宽四五米。在城墙顶上，内侧设宇墙，外侧设垛口，垛口高2米左右，垛口墙的上部设有望口，下部有射洞和礌石孔，以观看敌情和射击、滚放礌石用。有的重要城墙顶上，还建有层层障墙，以抵抗万一登上城墙的敌人。

在有利防守的地方还建有关城，古称"一夫当关，万夫莫开"，说的就是关城的重要。长城沿线的关城有大有小，以明代长城的关城计算，有近千处之多，著名的如山海关、居庸关、平型关、雁门关、嘉峪关、玉门关等。有些大的关城附近还建有小关群，共同组成了万里长城的防御工程建筑系统。

为了迅速传递军情，长城上建了许多烽火台。传递信息的方法是白天燃烟，夜间举火，为了报告敌兵来犯数量，则采用以燃烟、举火数目的多少来加以区别。

据飞向太空的宇航员说，从遥远的太空回望我们所在的地球，只能辨认出两大人类工程，其中一个就是中国的万里长城。

在刀枪可以维护和平的古代，万里长城可谓是一个伟大的壮举，人类文明史上的一座丰碑。它代表着中华民族的智慧、毅力，它象征着中国人的一种思维、一种精神。

始皇陵：难以想象的恢宏

据史书记载，秦始皇嬴政13岁即位，次年即开始修陵园。古代帝王生前造陵并非秦始皇的首创，战国时期诸侯国王生前造陵已成风气。但在即位的第二年，秦始皇还不满15岁，即开始造陵，在整个封建社会也是不多见的。秦皇陵始造于公元前247年，可直到公元前210年秦始皇逝世，陵园尚未造好。陵园修造期间，秦国国力逐渐强大，社会稳定，秦始皇的地位从未受到过威胁，造陵工程一直没有停止，在这样的条件下，陵墓仍然没有造好，说明皇陵工程的浩大和设计的精心与技术的复杂。

秦始皇陵是按照秦始皇死后照样享受生前荣华富贵的原则，仿照秦国都城咸阳的布

秦始皇陵

秦始皇陵位于陕西省西安市以东30千米的骊山北麓，它南依骊山的层峦叠嶂之中，北临似银蛇横卧的渭水之滨。高大的封冢在巍巍峰峦环抱之中与骊山浑然一体

局建造的，平面图大体呈回字形，陵墓周围筑有内外两重城垣，陵园内城垣周长 3870 米，外城垣周长 6210 米。陵园占地近 8 平方千米，封土呈四方锥形，状呈覆斗，底部近似方形，底面积约 25 万平方米，高 115 米，但由于经历两千多年的风雨侵蚀和人为破坏，现在封土底面积约为 12 万平方米，高度为 87 米。整座陵区总面积为 56.25 平方千米。

秦始皇陵的四周分布着大量形制不同、内涵各异的陪葬坑和墓葬，现已探明的就有 400 多个。在这些陪葬坑中，有象征皇室帝王威严的铜车马坑、珍禽异兽坑、马厩坑以及象征秦王朝百万雄师的兵马俑等。从这些陪葬坑的内涵和史书中对秦陵地宫设置情况的记载来看，秦始皇帝陵园就是当年秦王朝地上王国的再现。人世间原有的一切在地下无所不备。

始皇陵是一座充满了神奇色彩的地下"王国"。封土下和地宫是什么样的结构？地宫内藏匿了多少奇器珍宝？地宫内有没有防盗机关？始皇帝是铜棺石椁还是木棺木椁？……这一系列的悬念困扰着专家学者，吸引着无数好奇的游客。

相关链接

秦陵为何选在骊山？

秦始皇为什么把陵墓选在骊山？据北魏时期的郦道元解释：因为骊山北坡多金，南坡多美玉，"始皇贪其美名，因而葬焉"。郦道元的观点受到学术界多数学者的肯定。不过也有学者认为，秦始皇陵选在骊山一是取决于当时的礼制，二是受"依山造陵"传统观念的影响。《礼记》等古书记载："西南隅谓之奥，尊长之处也""夫西方，长者之地，尊者之位也，尊者在西，卑幼在东"。秦国前几代国君都葬在骊山以西，秦始皇陵选在骊山脚下完全符合晚辈居东的礼制。

秦始皇陵南依骊山，北临渭水，依山傍水，被古人视作最佳风水宝地。

秦始皇：中国历史上的第一个皇帝

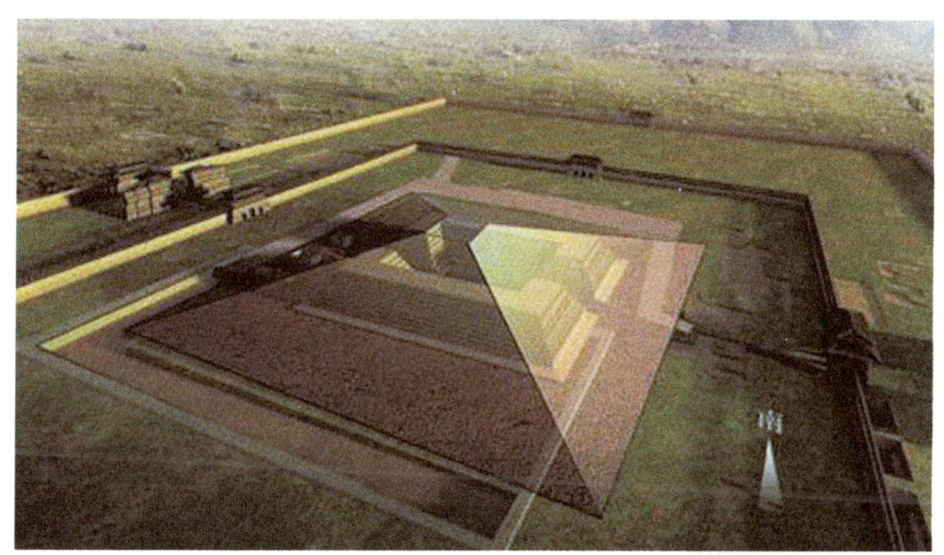

秦始皇陵墓地宫透视图

据考古勘探资料表明：规模宏大的地宫位于封土堆顶台及其周围以下，距离地平面35米深，东西长170米，南北宽145米，主体和墓室均呈矩形状。墓室位于地宫中央，高15米，大小相当于一个标准足球场。

据《史记·秦始皇本纪》记载，陵墓一直挖到地下的泉水，用铜加固基座，上面放着棺材。墓室里面放满了奇珍异宝。墓室内的要道机关装着带有利箭的弓弩，盗墓人一靠近就会被射死。墓室里还注满水银，象征江河湖海；墓顶镶着夜明珠，象征日月星辰；墓里用鱼油燃灯，以求长明不灭……

建墓的目的是为了让后人记住死者生前的功绩，让死者永远享受生前的奢华。为达

秦代曾生产过连发 3 箭的弓弩,但是安放在地宫的暗弩应是一套自动发射的弓弩

到这些目的,墓才造得如同地下宫殿一般,生前所用,无论多么珍贵都一一随葬。墓造好了还需要解决两个问题:一是如何让墓中之物,包括尸体、随葬品永不坏损;二是怎样才能使盗墓贼止步。

盗墓现象古来有之,汉墓就是十墓九空。专家在分析始皇陵 2000 多年来未曾被盗原因时指出,秦陵地宫内所藏暗弩、上下布满的水银、安置的长明灯等都有防盗功能。

墓室门口设置机关暗箭,一旦盗墓者走近,触动机关,箭就会射出来。

以水银为江河大海,布满地宫,不仅可营造地宫之恢宏、奢华,还可使尸体和随葬品保持长久不腐。另外,汞是剧毒物,盗墓者尚未进宫，即被毒死了。

"长明灯"可以制造无氧地宫。《史记》记载，始皇陵中"以人鱼膏为烛"，烛在地宫中燃烧时需要大量氧气，当地宫封闭后，内外隔绝，空气逐渐被蜡烛燃烧耗尽，形成一个相对稳定的无氧空间，除保证尸体、陪葬品不被氧化外，一旦有盗贼进入，必然变成后来的随葬品。

20世纪70年代中期长沙马王堆汉墓"女尸"的发现震惊中外，其尸骨保存之完好举世罕见。由此，有人推测秦始皇的遗体也会完好地保存下来。

以上谜团只是秦陵地宫众多谜团之冰山一角。随着考古研究工作的深入和高科技探测技术的实际运用，秦陵地宫终有一天将再次震惊全世界。

兵马俑：震惊世界的考古发现

1974年春天，沉睡了2000多年的一支军团被几位陕西农民打井的铁锹惊醒。这支由8000件大小与真人、真马相仿而又"被坚执锐，全副武装"的陶俑、陶马组成的军团，在考古工作者的精心"照料"下，醒了，站起来了，从黑暗的地下走到了地上，从2000多年前走到20世纪人们面前。人们只要站在这军团面前，就可以感受到2000多年前的气势磅礴，感受到秦军横扫六合的雄风铁骨，这构想，这气魄，这魅力，实为旷古罕见。

比这气势意义更为重大的是，从兵马俑的排兵布阵，我们可以领略失传千载的古代阵法。古代作战非常注重阵法。春秋以前以车战为主，战国之后，不仅战车依然，又加进了步兵和骑兵，阵法的排列和运用更为复杂。《孙膑兵法》总结战国时期战斗队形编列的经验，列举了10种阵法，如方阵、圆阵、疏阵、数阵等。令人遗憾的是，我们今天只知其名，根本无法想象这些阵法的具体排列。

秦始皇陵兵马俑的出土，为人们研究秦代阵法提供了比文字更加翔实的资料。

整个秦始皇兵马俑坑占地面积达20000多平方米，一号俑坑位于秦始皇陵东侧。在青砖铺底的地面上排列着面向东方的陶俑和陶马多达6000余件，组成了一个由战车、步兵相间排列的严整方阵。二号俑坑面积也达10000多平方米，有兵马俑1000多件，是由战车、骑兵、弩兵和步兵等兵种组成的混合阵容；三号俑坑面积约520平方米，有战车一乘，武士俑68个。这几个坑的位置完全符合古代兵书的布阵原则，布局严谨而完整，气势磅礴，令人叹为观止。它是统一后的中国强大的象征，也是秦王朝生机勃勃的完美体现。

兵马俑

气势恢宏的方阵

秦始皇陵兵马俑一号俑坑坐西面东,呈东西向方阵:前锋是3排横队立俑,每排68个。前锋阵中除3个重装步兵俑外,其余都是战袍披身、行縢裹腿、束发免胄、手执弓弩的步兵。

军阵两翼排列着两队步兵俑,外侧一队武士俑多穿铠甲、持弩。后卫部队由3列重装铠甲俑组成。侧翼和后卫部队的配置,其目的在于防止敌人从两侧及后面的袭击。而在侧翼和后卫部队的护卫下,就是整个军阵本体。

此军阵是一个锋、翼、卫体系齐备,组织严密、排列有序的长方形军阵,即古代兵书所谓"前后整齐,四分好绝"的"方阵"。

四个方阵组成车步骑三军

秦陵兵马俑二号坑平面略呈曲尺形,总面积约6000平方米,由四个相对独立又密切关联的方阵组成车、步、骑三军混合编队。

第一方阵:弓弩步兵方阵

整个方阵分为阵心、阵表两部分。阵心由八路蹲跪式步兵俑组成,每路20个。方阵四

立射俑
此俑为不着铠甲的轻装步兵俑。头和身体微向左侧转,昂首凝视,绷嘴鼓劲的神情和动作互相呼应,栩栩如生

历史的兴衰

跪射俑

跪射的姿态古称之为坐姿。坐姿和立姿是弓弩射击的两种基本动作。坐姿射击时重心稳，用力省，便于瞄准，同时目标小，是防守或设伏时比较理想的一种射击姿势

将军俑

身材高大魁梧，通高多为1.80米以上，头戴鹖冠，足穿方口翘尖履，身穿双重长襦，外披彩色花边、下摆平齐的鱼鳞甲，双肩有护肩甲，胫部缚护腿，或着长袍不披甲，长髯飘洒，昂首挺胸。有的面容严肃，气质威武，给人一种阳刚之气；有的显得满腹韬略，气宇轩昂，表现出儒将之风

秦始皇：中国历史上的第一个皇帝

中级军吏俑

通高 1.89 米。此俑出土时身上的彩绘颜色已脱落黏附在泥土上。颜色鲜艳如新，绿色上衣镶着朱红色领缘和袖口，冠为枣红色，下着绿色护腿。黑褐色甲片，朱红色甲带。甲衣的周边用红、黑、白、黄、绿等色彩绘几何形图案。身材魁梧，长脸，尖下巴，八字小胡，三点水式的乳状须，显得慓悍

下级军吏俑

通高 1.88 米。身穿交领右衽齐膝长衣，腰束革带，下穿短裤，腿缠裹腿，头戴长冠，是个轻装的下级军吏。兵马俑坑出土的中级和下级军吏俑均戴长冠，二者的区别是中级军吏的冠板上有条纵线分割，成为双板长冠；下级军吏戴单板长冠

周由立式步兵俑，即立射俑组成阵表。方阵左右分布有三路纵队立射俑。方阵后由两列横队组成。其中有一个身穿彩色鱼鳞甲、头戴鹖冠、双手拄剑的高级军吏俑。

跪射俑服装和姿态基本相同，都身穿交领右衽齐膝长衣，外披黑色铠甲，胫着护腿，足穿方口齐头翘尖履。头绾圆形发髻。均作蹲跪姿，左腿蹲曲，右膝跪地，右足竖起，足尖抵地。上身微左侧，双目凝视左前方。两手在身体右侧一上一下作持弓弩状。

跪射俑的右膝、右足尖及左足形成三个支点，支撑着上体，增强了稳定感。甲片随

秦始皇陵出土的铜车马——立车
立车，上有伞盖，可站在车内向四外瞭望

着身体的扭转而变动,衣纹伴着体态的变化而曲转。各种韵律十足的线条,烘托着人物的动态,使人物形象更有真实感。细看俑的面容和神态,又个性特征明显。

方阵中心部分的步兵俑做蹲跪式,而周围的步兵俑作立姿,这样的编列显然是为了在作战中前后相继,立姿、蹲姿弩兵一起一落,迭次交换,轮番射击。

中级军吏俑依其装束的不同,分为三种:1.身穿齐膝长襦,外披带彩色背带和彩色花边的前胸甲(无背甲),下穿长裤,足登翘尖履,头戴双板长冠。左手按剑,右手持物不

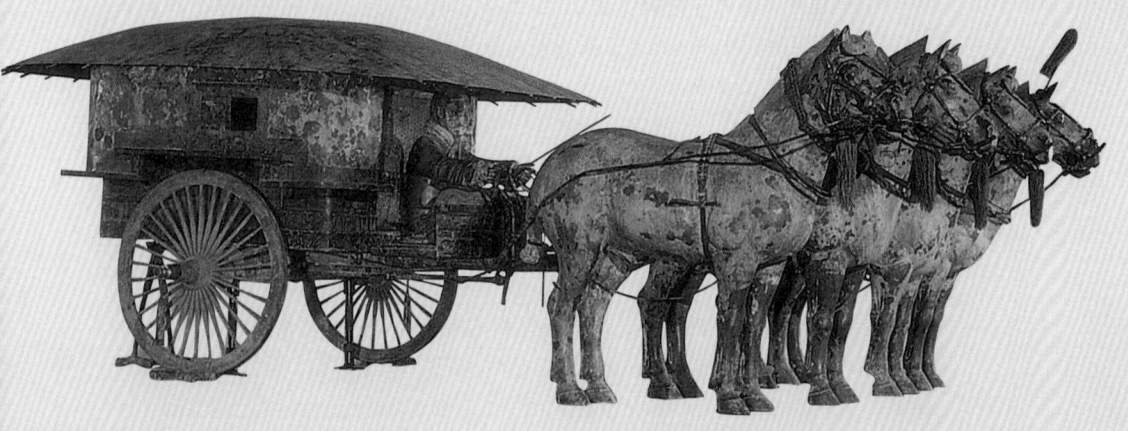

秦始皇陵出土的铜车马——秦始皇出行专用车
这种车叫安车,因乘坐这种车安稳舒适而得名。车厢顶部有穹隆状圆形车盖,车厢内宽敞可任人坐卧凭依,驾车手的位置在车厢之外,车厢内形成一个封闭空间。车厢窗牖密布镂空网眼,这样,坐在车内可观车外景物,还可保持车内空气新鲜

明。神情肃穆,有一种威严的魅力。2.身穿前后摆下缘平齐的彩色鱼鳞甲,头戴双板长冠。左手按剑,右手持戈、矛兵器,立于步兵俑之中。神态威猛,说明他是位身先士卒的中级军吏。3.不穿铠甲的轻装军吏俑,身穿长襦,下穿短裤,腿扎行縢,头戴双板长冠,位于轻装步兵俑行列中。

第二方阵:战车方阵

战车方阵,一共8列,每列8乘战车,陶马与真马大小相似。车后一字排列有御手俑、车左俑和车右俑。御手两臂向前平举,双手作控辔状,车左和车右俑一手持长柄兵

知识窗

先秦乘车的等级制度

先秦时代,诸侯公卿以乘坐马车为体现身份的一种标志。孔子因得意门生颜回早亡哭得死去活来,因颜家贫穷,无钱买棺材,颜回父亲提出要用他的车子改制成棺材安葬,孔子不同意,认为大夫出行不可无车,车是身份的象征。

先秦官吏乘车主要分两类,一是立车;二是安车。古代有"安车蒲轮"一词。安车可以坐卧休息,乘坐舒适。安车可作为国君恩赐给70岁致仕后的大夫乘坐,或征请贤人时用,并且把车轮用蒲叶包裹起来,防止颠簸,称作"安车蒲轮",以示对长者、贤能者的优待。秦代规定,秩禄2000石以上的官员本人可乘坐安车,如果用安车载女子罚二副铠甲的钱。

据《周礼》记载,天子驾四马,称驷驾车;诸侯驾三马,称骖驾车;大夫驾两马,称骈驾车。战国以前,诸侯出行属车九乘,秦先后灭掉九个诸侯国,所以秦制为皇帝出行属车八十一乘。

器,一手作按车状,侧面倾耳,似在凝神听令。

青铜之冠:秦代铜马车

史书上记载,秦始皇坐在装饰精美华丽的车上,在前呼后拥的皇后、嫔妃、宠臣、文武百官侍候下,曾经5次巡视统一后的秦国。秦始皇坐的车称为"金银车",九卿之一太仆亲自赶车。后人一直想了解,秦始皇所乘之车到底是什么模样呢?1980年底,在始皇陵封土西侧20米,距地表7.8米的地下发掘出了两乘大型铜车马。考古工作者将两车的几千块碎片,经过长达8年时间的精心修复,终于完整如初地再现了铜车马的风姿。

修复后的两乘铜车马总重量2.3吨,由6526个零部件组装而成,是目前已知造型最大、制作工艺最复杂的陪葬车马。因工艺过于复杂,陪葬物仅是实用物的二分之一大小。尽管如此,它依然堪称古代冶金史上的奇迹,被专家誉为"青铜之冠"。

在这辆车上,所用的金银饰重达7.5千克之多,加之大量施以彩绘,使整个铜车马显得雍容华贵、

驭手俑

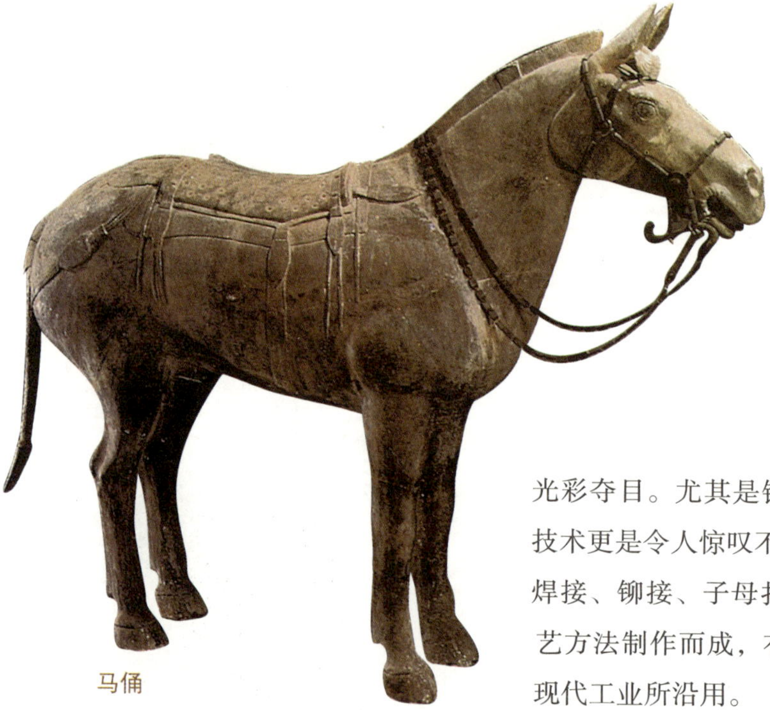

历史的兴衰

马俑

光彩夺目。尤其是铜车马的冶金铸造技术更是令人惊叹不已，采用了铸造、焊接、铆接、子母扣连接等十多种工艺方法制作而成，有的技法至今仍为现代工业所沿用。

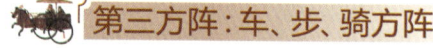

第三方阵：车、步、骑方阵

19乘战车排成三路纵队，一般车后有8个步兵俑。左路最后一乘为指挥车，指挥车上有高级军吏俑，阵尾有8匹战骑。整个军阵，呈纵长方形，战车在前，步兵在后，形成古代"先偏后伍"的阵形。

第四方阵：骑兵方阵

由11列横队组成，每匹马前立有骑兵俑一个，右手牵拉马缰，左手作

铜车马所配置的铜盾牌

三号坑俑

三号坑内武士俑

三号坑内武士俑的排列基本上是环绕周壁面向内排列的，不像一、二号坑是战斗队形的排列。《尉缭子》中有"内向所以顾中也"的记载，说明这些俑是保卫室内统帅的警卫队

提弓状。二号俑坑的骑兵是中国考古史上发现的时代最早的大批骑兵俑群。鞍马除无马镫外，其余鞍具齐全，说明当时的骑兵已是一支装备较齐全的独立兵种。

纵观二号俑坑4个军阵，弩兵军阵位于左前方，为军阵的前角，战车、骑兵分列左右，中间是车、步、骑结合军阵。这种编列形式，是立足于各兵种的特点。正如《孙膑兵法》

中国发现的最早的宫廷壁画——秦绘车马图。泥底设色，残高1.08米，现存于陕西秦都文物管理委员会

这幅壁画以墨线勾勒轮廓，线条简洁流畅，画中奔马前后腿张开并驰，造型生动。设色平涂晕染兼施，采用钛铁矿、赤铁矿、朱砂等矿物质颜料，饱和度很高，瑰丽明艳，装饰性较强。壁画内容为秦王出行时的车马仪仗之盛况。

陕西咸阳三号宫殿遗址总计发现7套车马图像，每套4马一车。这幅壁画仅为项羽焚烧秦宫后的残余部分，实为咸阳宫殿建筑壁画之沧海一粟所言:"易则多其车,险则多其骑,厄则多其弩",最大限度地发挥出各兵种的战斗力。

最早的军事指挥所

从三号坑建筑结构、陶俑排列、兵器配备等分析,三号坑为军事指挥所。

从所持兵器看,主要是作为仪卫的铜殳。《诗经》中有"伯也执殳,为王前驱"的记载,这也从侧面说明三号坑的武士俑是担任警卫的卫队,或作为礼仪性的仪仗队。

从出土的战车来看,车上髹漆彩绘,并配有华盖。车上

知 识 窗

指鹿为马

始皇三十七年(公元前210年),秦始皇最后一次出巡,死于沙丘。死前下遗诏,传位长子扶苏。陪侍在左右的宦官赵高、始皇第十八子胡亥等合谋篡改遗诏,立胡亥为帝,赐扶苏死。胡亥回到咸阳,立为二世皇帝,赵高任郎中令,常居宫中参与决策。他指使胡亥更改法律,诛戮宗室、大臣。群臣、诸公子触犯秦二世旨意的,都交赵高审治。

赵高虽然大权在握,但他仍害怕大臣们联合起来反对他,为了试验大臣对他的真实态度,精心策划了一起在此后历史上遗臭万年的政治事件:指鹿为马。

公元前207年,即秦二世继位的第三年,在一次朝会上,赵高弄来一只鹿作为礼物献给胡亥,对胡亥说这是一匹好马。胡亥说:"这明明是只鹿,你怎么说是马呢?"赵高仍然坚持说是马,胡亥便问在场的大臣们。很多大臣随声附和说是马,也有的说是鹿,有的装聋作哑。事后,赵高便根据大臣们的不同说法区别对待:说是鹿的人一个个不明不白地被杀了,说是马的人一个个都升官了。当农民起义军逼近咸阳时,24岁的胡亥也死在了宠臣赵高之手。

的乘员均戴单卷尾长冠，表明此车的级别较高。

从三号坑的位置来看，它位于一号坑军阵之尾的左侧，二号俑坑军阵之后。3个俑坑是一个整体，三号坑则是一、二号坑的指挥部。这对于古代军事史的研究也有着特别重要的意义。春秋战国之前，军队将领往往要身先士卒，冲锋陷阵，所以他们的位置常位于队列之前；随着战争规模的增大，一线军事指挥者的位置开始移至中军；秦代战争将指挥部从中军中独立了出来，这是军事战术发展的一大进步，也是古代军事战术发展成熟的重要标志之一。

秦代云纹高足杯，1976年秦阿房宫遗址出土。现藏西安市文物管理委员会

杯为青玉，受沁后呈焦黄色，间有褐色晕，杯身呈直口筒状，上层饰有秦时流行的柿蒂纹、流云纹，中层勾连卷云纹，下层饰流云纹、如意纹。足作豆形，豆腹部刻有丝束状花纹。此杯器形规整，雕琢精细，气派、庄重，足可窥当年繁华之一斑

秦始皇病死沙丘

秦始皇做了皇帝之后，虽然希望皇位能千秋万代地传下去，但他自己还是想长生不老，于是就到处寻求仙丹妙药。在统一全国之后，秦始皇经常出巡，这样一能向天下人炫耀自己的文治武功；二可以寻仙求药。没想到，他就死在了寻仙求药的路上。

统一六国的第二年，秦始皇曾经向北出巡，目的是为了抵御匈奴，鼓舞士气。此后他又出巡4次，出巡的目的地都是海边，因传说神仙总是在海边出现。如碣石（河北昌黎）、成山（山东成山角）、琅琊（山东）等，都留下了秦始皇的足迹。最著名的是徐福东渡，秦始皇派徐福到大海里边去寻神山讨仙药。

公元前210年，秦始皇从都城咸阳出发，先奔南方的云梦（洪湖和洞庭湖地区），再到九嶷山祭祀祖先舜。接着，乘船东进，在丹阳（安徽当涂）上岸，到钱塘（杭州），向西渡江登会稽山，祭祀大禹，刻石于会稽山。下山后，从吴中（苏州市吴中区）北上，继续他的求仙之旅。为了能见到神仙，秦始皇一直沿海边北行，最后，失望地回返，途经平原津（山东平原县）时一病不起。传位遗诏刚写好，还没来得及送回咸阳，就死在了沙丘平台（河北广宗境内）。

秦始皇的寿命不长，只有50岁；在帝位时间不长，只有12年；他建立的秦朝存在的时间也短，共历二世15年。但这都丝毫不影响他在中国历史上的地位。他是一位具有雄才大略的皇帝，其非凡的功绩在中国数百个帝王中也没有几人能与之相比，他影响中国历史的时间超过了其他任何帝王。

汉高祖刘邦：
中国历史上的第一个布衣皇帝

在中国历史上，第一个做皇帝的，当然是秦始皇。不过，秦始皇是由一国之君统一天下后而升为皇帝的。刘邦不同，他原来是个布衣，即普通老百姓。布衣一跃而为皇帝，在中国历史上不乏其人，而第一个当皇帝的布衣却是刘邦。

《车马出行图》，汉墓壁画

汉高祖刘邦

"大丈夫当该如此!"

刘邦年轻的时候,就很有些与众不同,他对人宽厚仁爱,随和大度。后被官府试用为沛县泗水亭亭长。亭是秦朝最低的行政机构(秦朝10里为一亭,亭长是管理10里以内的小官)。刘邦曾在秦都咸阳服过徭役,曾亲眼见过秦始皇出巡的场面。他看见秦始皇端坐在金银车中,前有开路引导车,后有百官乘坐的属车相从,车声隆隆,威风八面。羡慕得脱口而出:"大丈夫当该如此!"

一次,他押送一批民伕到骊山去为秦始皇修坟墓,才上路,就有不少民伕逃跑了,天天有开小差的,管也管不住。刘邦只好顺水推舟,对大家说:"你们到骊山去做苦工,不是累死就是被打死。我现在把你们放了,你们自己去找活路吧!"于是他放了民伕,自己领着几个追随者藏匿于芒、砀(今安徽)

《迎宾拜谒图》西汉壁画

山泽之间。这件事在当地传开，人们都认为刘邦是条好汉。

秦末陈胜、吴广起义后，沛县县城里的百姓乘机杀了县令，刘邦起兵响应，在县吏萧何、曹参等支持下，收编起义兵马2000余，自称沛公，开始反秦。这一年刘邦48岁。

入关灭秦

秦二世二年年底（公元前208年），农民起义军领袖陈胜、吴广相继战死沙场，吴中起义军首领项梁得知后，召集起义将领议事，刘邦应召前往。项梁的谋士范增分析说，陈胜失败的原因在于不立楚王后代，而自己称王，并用"楚虽三户，亡秦必楚"的话劝项梁立楚王后代为王。项梁接受了这项建议，把流落在民间牧羊的楚怀王孙子熊心立为王，仍称楚怀王。

公元前208年，农民起义军东进定陶（山东境内）失利，西攻函谷关受阻，楚怀王为鼓舞士气，与诸将约定，谁先攻下咸阳，谁就做"关中王"。

由于刘邦待人宽厚，有长者之风，楚怀王遂命他收编陈胜和项梁的散卒，率部西进。刘邦在西进途中所向无敌，仅用了一年多的时间，即逼近咸阳。

当各路义军逼近咸阳时，专横一时的赵高见秦朝大势已去，称病不朝。秦二世欲派人捉拿赵高，赵高先发制人，派心腹把秦二世杀了。赵高想自己即位，又怕诸侯不服，就把秦二世的侄儿子婴立为秦王。子婴心里明白赵高的用意，诱杀了赵高。

公元前206年，刘邦进军灞上（今西安东），做了46天秦王的子婴献城投降，秦王朝至此灭亡。

约法三章

刘邦的军队进了咸阳，将士们纷纷拣金拿银，争绢夺玉。萧何与众不同，他先进丞相府，把有关户口、地形、法令等的图书和档案收管起来。刘邦由此掌握了全国山川险要、郡

知识窗

"楚虽三户，亡秦必楚"

"楚虽三户，亡秦必楚"，是中国历史上流传很广的一个典故。秦始皇灭楚以后，楚国一位叫楚南公的老人认为，楚国虽被消灭了，即使最后只剩下"三户"人家，将来灭亡秦朝的也一定是楚人（另一说，"三户"指楚国三大姓：昭、屈、景）。后来发生的历史居然证实了南公这一说法。秦二世时，农民纷纷起义，首先揭竿而起的陈胜、吴广，是楚人，他建立的政权称为"张楚"；率江东子弟渡江，成为抗秦主力的项羽也是楚人，他建立的政权称为"西楚"，自称"西楚霸王"；总领群雄，建立汉王朝的刘邦也是楚人，刘邦的谋臣武将，除少数人外，也都是楚人。亡秦这一事业起于"张楚"，盛于"西楚"，成于楚人刘邦。

县户口、各地民情等，这在后来平定天下的过程中起到了重要作用。刘邦听从部将樊哙和谋士张良的建议，将军队撤离了都城，驻扎在城外灞上。

刘邦在灞上召集各县父老开会，宣布废除秦朝苛法，同时公布了3条法令：第一，杀人偿命；第二，伤人受刑；第三，偷盗治罪。"约法三章"的成语就是这么来的。

鸿门宴

刘邦先入咸阳，理应称王关中，但项羽自恃功高，企图独霸天下。刘邦还军灞上一个月后，项羽率40万大军开进关中，驻守鸿门（今陕西临潼东北）。汉军左司马曹无伤派人对

《鸿门宴图》（局部），西汉壁画。洛阳古墓博物馆藏

此图据中国考古学家、历史学家郭沫若考证为《鸿门宴》图

项羽说："沛公想要当关中王，立秦王子婴为相。"项羽大怒："明天早晨士卒吃完早饭，我们就灭掉沛公的军队！"当时，项羽有兵40万，刘邦只有10万。范增对项羽说："刘邦在山东时，贪财好色。今天入关，什么财物他都不要，多么美的美女他都不碰，这个人志向不小啊！应该立刻把他除掉"。刘邦得知此消息，马上派部下张良把项羽的伯父项伯请到军中，像对待兄长一样恭敬项伯，还和他约定为儿女亲家，请他向项羽解释，消除误会。项伯回去后对项羽说："沛公先进关中，为我们扫除障碍，沛公是有功劳的人，我们不应该猜疑他，应该真诚相待。"项羽听了，便决定不再进攻刘邦。

角形玉杯，高18.4厘米，口径5.8—6.7厘米。青玉，半透明。一夔龙缠绕器身，集浅浮雕、高浮雕、圆雕艺术为一体，为汉代之绝品

第二天，刘邦带着樊哙、张良等人，亲自到项羽的驻地鸿门登门致歉。项羽设宴招待刘邦。项羽的谋士范增一直主张尽早杀掉刘邦。宴饮间，他找来项庄，以舞剑助酒为名，实际上让项庄寻找机会刺杀刘邦。此举被项伯识破，项伯拔剑与项庄对舞，以保护刘邦。刘邦见势不妙，假装上厕所，趁机逃离了项羽营地。刘邦走了好一会，张良向项羽说："沛公酒量小，刚才喝醉了酒先回去了。叫我奉上

白璧一双,献给将军;玉斗一对,送给亚父('亚父'原是项羽对范增的尊称)。"范增把玉斗摔在地上,拔出剑来,砸得粉碎,说:"将来夺取天下的,一定是刘邦,我们等着做俘虏吧。"这就是历史上著名的"鸿门宴"故事。

鸿门宴后,项羽杀了已经投降的秦王子婴,焚烧了阿房宫,将咸阳城里的宝物和美女劫掠一空。项羽依仗军事上的强大,重新划分封地,他自立为西楚霸王,取梁、楚之地九郡(占有今江苏、安徽、山东、河南部分地区),定都彭城(今江苏徐州)。同时又割地封王,分封了18个诸侯。封刘邦为汉王,王汉中、巴蜀。一个统一的中国被他弄得四分五裂。

鸿沟之约

刘邦被封为汉王之初,并没有和项羽争雄天下的打算,但他逐渐改变了主意。改变主意的一个原因是将士们到了南郑之后,水土不服,日夜思家念乡;另外,六国后裔对项羽分封不公、改动原六国版图不满,起兵反叛,这给刘邦创造了进兵的机会。正巧此时刘邦得到了大将韩信,丞相萧何对刘邦说,

战国中期,魏国迁都大梁(今开封),为振兴经济,富国强兵,于公元前360年引黄河水过荥阳一带南流入圃田泽(今郑州东圃田乡),最后注入淮河支流颍水,是先秦时期的重要人工运河之一。唐代诗人韩愈感慨楚汉隔鸿沟对峙而作《过鸿沟》诗:"龙疲虎困割川原,亿万苍生性命存。谁劝君主回马首,真成一掷赌乾坤。"

相关链接

鸿 沟

鸿沟是中国古代最早沟通黄河和淮河的人工运河，始建于战国，位于今天的河南省荥阳北。当年楚汉相争，就是以这条人工运河为临时分界线。中国象棋棋盘上"楚河汉界"即源于历史上的"鸿沟"。

今天人们下中国象棋，看到棋盘上的"河界"，很少有想到"鸿沟"的，一提到"鸿沟"，人们想到的往往是彼此思想上的分歧、价值观上的距离、两者不可调和的矛盾等。

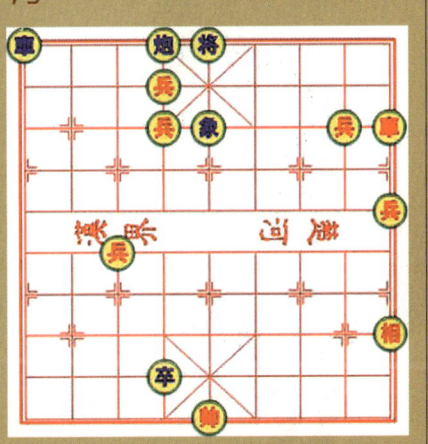

历史已经尘封，2000多年前两军对峙的战场，已化作了眼前没有硝烟的棋盘，楚河汉界两侧的兵马已不再流血，鸿沟两岸的黄土却至今仍不时地发掘出几枚生锈的铜箭镞。无论是木制的车马炮，还是锈迹斑斑的箭镞，它们总会将我们带回到昔日金戈铁马的梦中

如果要争霸天下，非重用韩信不可。韩信被封为大将后，提议立即出兵东进。

公元前206年，偏处巴蜀汉中一隅的刘邦率兵东进，和项羽展开了历时4年有余的"楚汉战争"。战争之初，刘邦挥师东进，轻易攻下了西楚都城彭城。正在与齐、赵交战的项羽立即率精兵3万急行军回救都城，汉军大败，撤退时，刘邦的父亲和妻子吕雉被项羽抓获。

刘邦从彭城败逃到荥阳（今河南荥阳北），得到了萧何的增援部队，汉军重整旗鼓，楚汉双方一度在荥阳、成皋一带长期对峙。公元前203年，汉军于开封一带切断楚军后方粮草供应，项羽十分惶恐，就建筑了一个高台，让

图像里的中国 TUXIANG LI DE ZHONGGUO

历史的兴衰

铜雁鱼灯，高54厘米，长33厘米
汉代青铜灯具形式多样，铸造工艺精巧实用，造型一般取祥瑞题材。此灯出土于陕西省神木县。其造型作雁回首衔鱼的伫立姿态，整个灯具由雁首与颈、雁体、灯、灯罩四部分套合而成。雁额顶有冠，颈部修长，身躯宽肥，身两侧铸出羽翼，双足并立，蹼大而平，器形稳定。颈体连通中空，是导烟的通路。雁体上为灯盘，一侧有柄，可转动灯盘

刘邦的父亲站在高台上，威胁刘邦若不投降就煮了刘邦的父亲。刘邦回答："我和你一起接受楚怀王的命令，结拜为兄弟，我父亲就是你父亲；你真的要煮你父亲，也分我一碗汤喝吧！"项羽大怒，本想一刀宰了刘邦的父亲，因项伯力劝，刘邦的父亲才活了下来。

不久，形势于项羽渐渐不利，恰逢刘邦派人求请项羽放还父亲和妻子，项羽就提出与刘邦平分天下：以鸿沟为界，鸿沟以西属汉，以东属楚，和约签订后，项羽释放了刘邦的父亲和妻子吕雉，然后引兵东归。

汉高祖刘邦：中国历史上的第一个布衣皇帝

西汉"龙凤呈祥"玉器，现藏于广州南越王墓博物馆

镂空龙凤纹玉套环于1983年在广州南越王墓出土。内外两圆环相套，直径有10.6厘米，厚却不到0.5厘米，呈扁平状，系采用上等青玉镂空透雕法精雕而成。

内环的"S"形龙，昂首挺胸，体态矫健，张口露齿，似在鸣吟。外环的凤首和龙首恰好相对，像是在互相倾诉衷肠，夸张的凤冠与凤尾随环形升腾飘舞，风姿柔美，与内环雄壮之龙相呼应，寓意龙凤呈祥

霸王别姬

鸿沟和约达成后，项羽引兵东归，刘邦也准备西归关中。张良等人则极力劝说刘邦越过鸿沟，追击项羽。刘邦命令追击，同时派人命韩信等火速集结，合击项羽。

在公元前202年，刘邦追上了项羽，但到了固陵（现在河南太康西）时，韩信的军队还没有到达。张良献计说，如果能给韩信封地，他定会火速进兵。刘邦马上派人许诺韩信击败项羽后封他为齐王。在一个叫垓下（今安徽界内；一说今河南）的地方，楚军被汉军团团围住。

一天夜里，项羽最宠爱的虞姬夜巡，

听见从汉军军营里传出一阵阵楚歌,急忙唤醒项羽,项羽惊道:"敌军中多是楚人,定是刘邦已得楚地,我没有退路了,大势去矣!"走投无路的项羽和心爱的虞姬饮酒悲歌:"力拔山兮气盖世,时不利兮骓不逝。骓不逝兮可奈何,虞兮虞兮奈若何!"虞姬唱道:"汉兵已略地,四放楚歌声。大王意气尽,贱妾何聊生?!"虞姬泣不成声,抽出项羽腰上佩剑,自刎身死。

项羽跨上骏马,率领800骑兵趁夜突围。第二天早晨,汉军发现项羽已经突围,汉骑兵火速追击。项羽渡过淮河后,因为迷路误入沼泽之中。从沼泽地里好不容易出来时,项羽的随从只有28人了。和汉军激战3次,杀伤几百汉军后,项羽最后横剑自刎。至此,楚汉战争以项羽的失败而结束。

"汉并天下"瓦当,西汉,为汉高祖初建天下所造

汉代四神瓦当，面径 16—19 厘米，边轮宽 2—2.1 厘米

1956 年西安汉长城遗址出土。四神由来颇早。远古时期，部落奉动物为图腾。商代，把天空四方星象组成东方青龙、南方朱雀、西方白虎、北方玄武，以后作为方位或地域概念。到汉代，四神被视为武力的象征，并出现在宫殿装饰瓦当及铜镜上。四神瓦当代表东西南北四个方位，又有驱邪除恶、镇宅吉祥的含义

刘邦称帝，建立汉朝

公元前 202 年，刘邦封在楚汉战争中功勋卓著的大将韩信为楚王，彭越为梁王。受封的韩信和彭越联合原来的燕王、赵王以及长沙王共同上书刘邦，请刘邦即位称帝。刘邦开始推辞，韩信说："大王虽出身不富不贵，但率领众人扫灭暴秦，诛杀不义，使天下得安，功劳远在诸王之上，您当皇帝是众望所归。"刘邦说："既然大家一致要求我当皇帝，那就按你们说的做吧。"

同年二月初三，刘邦在山东定陶汜水之阳举行登基大典，定国号为汉。同时，封夫人吕氏为皇后，儿子刘盈为太子，定都洛阳。庆功宴会上，有人分析楚汉战争中，刘邦之所以能战胜项羽，是因为刘邦能与大家同甘苦、共患难，而项羽却自私自利。刘邦认为他们说的有道理，但没有说到要害。他说："论运筹帷幄之中，决胜于千里之外，我不如张良；论

历史的兴衰

皇后之玺，吕后用印

抚慰百姓、供应粮草，我又不如萧何；论领兵百万，决战沙场，百战百胜，我不如韩信。可是，我能做到知人善用，发挥他们的才干，这才是我们取胜的真正原因。至于项羽，他只有范增一个人可用，但又对他猜疑，这是他最终失败的原因。"

公元前202年，刘邦采纳臣下建议，迁都长安。为了和后来刘秀建都洛阳的"汉"区别，历史上称为"西汉"。

知识窗

"汉朝"名称的由来

项羽曾封刘邦为汉王，刘邦击败项羽，统一中国，国号仍称为"汉"。汉朝前期都长安，后期都洛阳，长安从地理方位上位于洛阳之西，所以同为刘姓王朝，从都城上划分有"西汉"和"东汉"之分，从存在时间上又有"前汉"和"后汉"之别。

汉承秦制

汉承袭了秦朝专制主义中央集权制度。"天下之事无小大皆决于上"。实行以丞相为核心的中央官制。

实行郡国并行制。楚汉战争中，刘邦为了分化项羽阵营，曾经分封了一些"异姓王"。后来，由于"异姓王"的力量威胁到了中央集权，刘邦将其一一翦除。但在诛灭"异姓王"后，又陆续分封自己的子侄为王，共封了楚、齐、梁、赵、燕、代、吴、淮南、淮阳等九个诸侯王，九王的封地包括了秦统一前的东方六国，中央直辖的土地只有原秦国的旧土。这种王国与郡县并存的体制，被称为"郡国并行制"。

与匈奴和亲

楚汉战争之际，居住在北方的匈奴族趁机一步一步向南打来，给刚刚建立的西汉王朝带来严重威胁。刘邦封韩王信于代，都马邑（今山西朔县），以防御匈奴的进攻。公元前201年，冒顿单于（冒顿是人名，单于是匈奴王）率兵进攻马邑，韩王信抵挡不了，向冒顿求和。汉高祖得到这个消息，派使者责备韩王信。韩王信害怕汉高祖治他的罪，向匈奴投降了。

公元前200年，匈奴王引兵南下，围攻汉朝的晋阳（今

相关链接

单于与阏氏

单于（读 chán yú）：是中国北方古代民族匈奴族最高首领的称号，相当于国王与天子。匈奴语"广大"的意思。

阏氏（读 yān zhī）：是匈奴单于妻子的称号，相当于王后。

汉代单于和亲"瓦当"
瓦当上的"单于和亲"文字反映出汉匈和亲确实堪称当时的一件盛事

山西太原）。刘邦亲率大军往击匈奴，在平城白登山（今山西大同东南）陷入匈奴重围，被困7天，后来重贿匈奴王妃，才得以突围。

汉高祖自知没有力量征服匈奴，只好回到长安。以后，匈奴一直侵犯北方，令汉高祖大伤脑筋。有大臣献计：应该采用"和亲"的办法，与匈奴讲和，结为亲戚，以求北部边疆的和平。汉高祖遂派这位主张和亲的大臣到匈奴去说亲，冒顿同意了。汉高祖挑了一个宫女所生的女儿，称作大公主，送到匈奴去，冒顿就把她立为阏氏。自此，惠帝、文帝、景帝等都沿袭和亲政策，跟匈奴的关系暂时缓和了下来。

最早的龙钮金印——"文帝行玺"金印

"文帝行玺"金印是迄今中国考古发现的最大、最早的一枚西汉金印,也是唯一的汉代龙纽帝玺,为南越王墓墓主身份的重要物证。金印的印纽为盘曲成"S"形的一条游龙,印面刻有篆书的"文帝行玺"四字。印面尺寸略大于当时的帝玺规格,是南越王僭越称帝的反映

箭伤致死

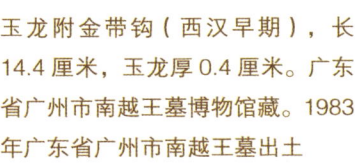

公元前196年,淮南王谋反,61岁的刘邦亲自率军平叛,不幸被流箭击中,为稳定军心,强装无事。回京时,途经故乡沛县,在乡亲们为他举行的欢迎会上,他演唱了他自作诗《大风歌》:"大风起兮云飞扬,威加海内兮归故乡,安得猛士兮守四方。"辞意慷慨,表达了一统天下的豪气和居安思危的胸怀,细细品味又可感觉到一种自知岁月无多急回首的悲凉。第二年,刘邦病逝,享年62岁。

玉龙附金带钩(西汉早期),长14.4厘米,玉龙厚0.4厘米。广东省广州市南越王墓博物馆藏。1983年广东省广州市南越王墓出土

文景之治

史书上有"周云成康，汉言文景，美矣"的颂词，赞颂周代成王—康王时期最值得称道，汉代文帝—景帝时期最值得赞美。关于"成康之治"，史书记载比较简单，只说这个时期"刑错四十余年而不用"，相比之下，汉代的"文景之治"则是有翔实资料可证的"治世"。

公元前179年，汉文帝刘恒继位，他勤政爱民，继续推行汉代初年的休养生息政策。文帝的基本政策是，重点放在发展农业上，

汉玉蝉，因为蝉能入土生活，又能出土羽化，所以古人认为把玉蝉放入死者口中，表示灵魂可脱离污秽的死亡躯壳，而开始高洁的新生活。因此，玉蝉既是活人的佩饰，又是死者的葬玉

金缕玉衣。1968年河北满城西汉中山靖王刘胜墓出土。现藏河北省文物研究所。
通长188厘米。玉片有绿色、灰白色、淡黄褐色等。共2498块，金丝重1.1千克。用金丝将玉片编缀成人形，头部由头罩、脸盖组成，上身由前后衣片、左右袖筒及左右手套组成，下身由左右裤筒及左右足套组成，皆能分开。玉衣内头部有玉眼盖、鼻塞、口玲，下腹部有生殖器罩盒和肛门塞

知识窗

金缕玉衣

金缕玉衣是汉代规格最高的丧葬殓服,大致出现在西汉文景时期。玉衣也称"玉匣",是汉代(前206—公元220)皇帝和高级贵族死后穿用的殓服,外观与人体形状相同。玉衣是穿戴者身份等级的象征,皇帝及部分近臣的玉衣以金线缕结,称为"金缕玉衣",其他贵族则使用银线、铜线编造,称为"银缕玉衣"、"铜缕玉衣"。

轻徭薄赋,约法省禁。为了鼓励农民种粮,减轻农民负担,文帝先是把十五税一的田租改为三十税一,后来索性田租免收。为了减轻农民负担,他下令列侯回到自己封国去,以免戍卒的运输之苦。对于匈奴仍采取以和亲为主,维持了国家

西汉镀金银熏炉
此炉通体鎏金,炉体扁圆形,盖上透雕蟠龙纹,下设3羽鸟形支柱,炉腹与留足均饰花纹做工精细

西汉匈奴配饰

两件纹饰相同，一正一反，形成一对饰牌

的稳定。

公元前 157 年，汉文帝去世，景帝刘启即位。景帝继续推行文帝政策的同时，还进行"削藩"，平定吴楚七国之乱，把诸侯王任免官吏的权力收归中央，巩固了中央集权。

文、景两代对周边少数族也不轻易动兵，尽力维持相安的关系。与匈奴定和亲之约，此后匈奴虽背约屡犯边境，但文景两帝只是诏令边郡严加备守，并不兴兵出击，以免烦扰百姓。

文景两代采取了上述一系列措施的结果，使当时社会经济获得显著的发展，封建统治秩序也日臻巩固。由于国内政治安定，郡国的仓廪堆满了粮食。太仓里的粮食由于陈陈相因，致腐烂而不可食；政府的库房有余财，京师的钱财有千百万，连串钱的绳子都朽断了。这是对文景之治十分形象的描述。

汉文帝、汉景帝父子二人，在位时间不足 40 年却创造了社会稳定、政局清明、经济发展、人心归向的大好局面，史称"文景之治"。

西汉时代的"文景之治",是一个连接汉高祖伟业和汉武帝雄风的非常特殊的时代,它奠定了汉代国富民强的物质基础,同时又揭开了西汉盛世的序幕。

西汉陶俑

汉武帝刘彻

汉武帝刘彻（前156—前87），汉景帝刘启的第十个儿子，汉文帝刘恒的孙子，汉高祖刘邦的曾孙。7岁时被立为太子，16岁登基，在位54年

人们常常把汉武帝和秦始皇相提并论，并称为"秦皇汉武"。为什么把他们两相提并论呢？一是因为秦朝和汉朝都是中国历史上两个强大的王朝，而这两个强大王朝的鼎盛时期都是他们当皇帝的时期，这两个时期成为中华民族历史上值得自豪和展示的伟大时代之一；二是因为中国封建专制主义中央集权制国家，始创于秦始皇，巩固于汉武帝；另外，他们两个人都以自己的雄才大略和文治武功，在历史上留下了许多首创。

相关链接

年 号

在中国古代，新皇帝即位，都要重新确定年号纪年。据统计，历代皇帝所用年号共有708个。从内容上看，有表示皇权受命于天的，如应天、天兴、天授等；有表示神圣吉祥的，如万利、河清、大圣等；有表示天地已改的，如太始、开元、皇初等；有歌功颂德的，如大德、上明、文治等；有希冀安定和顺的，如安定、广顺、永宁等；有祈盼江山永固的，如长久、天寿、长乐等。其中，"天"字在历代年号中使用得最多，达71次。

年号大多为两个字，如汉初建、唐贞观、明万历、清康熙等等。但也有三个字的，如"中大同"、"中大通"等；四个字的有"太平真君"、"天册万岁"、"大中祥符"等；六字的，如西夏"天授礼法延祚"、"天赐礼盛国庆"等。

明朝以前，皇帝大多改元两次以上。例如汉武帝有11个年号，武则天在位21年有18个年号。明朝以后，基本上是一帝一号，因此常用年号来称呼皇帝，例如康熙帝。

开使用年号之端

年号是中国历代帝王纪年的名称。西汉以前，一个帝王无论在位时间长短，既不改元，又无年号，一元到底，一律称××帝××年。

公元前141年，汉武帝的父亲汉景帝刘启去世，皇太子刘彻继位，是为孝武皇帝。第二年，武帝定年号为"建元元年"（前140），这便是中国使用年号的开端。从此，新君即位必须改变年号，称为改元。皇帝年号这种纪年名称一直沿用了2000多年，直到1911年最后一个皇帝被推翻才结束。

历史的兴衰

颁行新法,防止地方诸侯坐大

刘邦建立汉朝之初,曾经封了很多刘姓的王,叫作同姓王,但后来这些同姓王的后裔横行乡里,对抗中央,不肯听从中央的命令。诸侯王成了中央的一块心病。汉武帝为解决这一心病,连续采取三项措施:

首先,颁布《推恩令》,拆分诸侯王国。命诸侯王除了由嫡长子继承王位以外,可以推"私恩",即把王国土地的一部分分给子弟为列侯,由皇帝制定这些侯国的名号。在"推恩"这样流露着血缘温情的名号之下,本属于王国的领土,分立为侯国,侯国归属于附近汉郡。王国分成若干侯国的结果,是王

《汉宫春晓图》,仇英绘

国势力的缩小和朝廷直辖土地的扩大,"不行黜陟而藩国自析"。

其次,夺侯爵位,减少侯国数量。按汉代制度,每年八月,举行饮酎大典,诸侯王和列侯献"酎金"助祭。公元前112年,汉武帝以列侯酎金斤两成色不足为名,削夺106个列侯的爵位。还有一些列侯因其他原因而陆续失爵。

再次,压制诸侯谋士,削其党羽。汉武帝颁布《阿党法》、《左官律》和《附益法》。"阿党法"规定:"诸侯有罪,傅相不举奏,为阿党",诸侯王不仅丧失了治国理民的事权,反而受制于名义上的属官。"左官律"规定不服侍天子而效力于诸侯的称为"左官",意在阻止有进取心的人士仕宦于诸侯王国,从人力资源上防止诸侯国势力膨胀。"附益法"宗旨是防范朝廷大臣与诸侯勾结、为诸侯谋取利益。

这几个法律制度的创设和交互为用,使诸侯王国受到根本地抑制,地方势力坐大的局面一去不复返了。

七牛虎耳铜贮贝器

历史的兴衰

创设中朝,削相权,强皇权

汉武帝以前,包括高祖、文帝、景帝,也包括秦代,丞相一直掌实权,如李斯、萧何、曹参等。武帝继位时,年纪较轻,一些丞相多为前朝遗老,位高权重。这样,汉武帝除了任用大臣之外,身边又添了不少宾客,帮助他出谋划策。这些宾客在政治上本来是没有地位的,只因皇帝是国家法制的最后决策者,他们也就逐渐有了与丞相分庭抗礼的资本。这便是汉武帝创设中朝的起源。

中朝,也称内朝,内朝是由皇帝选拔信任的官吏组成,虽然级别较低,由于常在皇帝身边,逐渐形成一个宫内决策的机构。外朝是以几名丞相为首,这些丞相虽然级别高,但是权力比内朝的官员小。

皇帝依靠中朝近臣,加强中央集权统治;中朝近臣则恃皇帝之重,凌驾外朝丞相之上。这样,专制制度就进一步加强了。

铜鼓贮贝器,云南

汉武帝刘彻

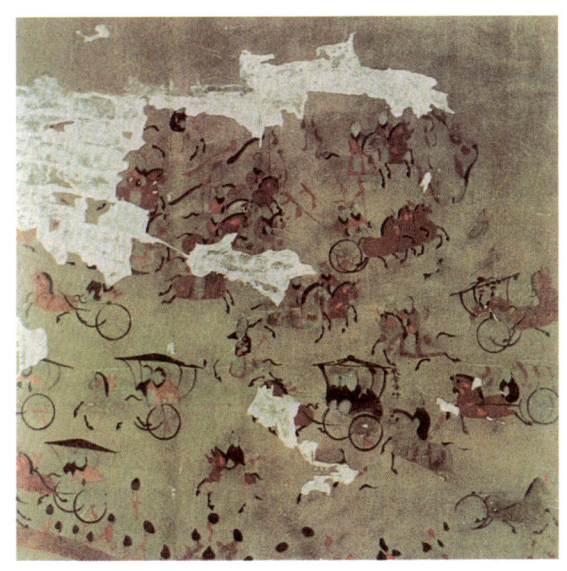

汉代选官,《举孝廉图》

皇帝策问选官、建立太学之始

汉朝初年，2000石以上的大官僚任职3年以上，可以送子弟一人到京师为郎，叫作"任子"；拥有资产10万钱（景帝时改为4万钱）而又非商人的人，自备衣马之饰，也可以候选为郎，叫作"赀选"。郎是皇帝的侍从，皇帝在宫，郎守门户；皇帝出巡，郎充车骑。

西汉初年，富贵子弟为郎，是他们到朝廷做官的一个重要阶梯。在这种选官制度下，选郎以财富为准，这就难以适应日益加强的专制王朝的需要。

汉武帝即位不久，就下了一道诏书，诏令"举贤良方正直言极谏之士"。6年之后，又下诏策试贤良，让丞相、御史、郡守、诸侯王等人推荐贤良方正，明确规定了郡国必须选举的人数。如果地方官员见孝不举，知诏不奉，以不敬论罪；见廉不荐，就视为不胜任，当即免职。从此以后，郡国岁举孝廉的察举制度就确立起来了。

武帝时期，各地推举了不少读书人到朝廷来，汉武帝多次亲自策问他们的治国安邦之道。皇帝亲自当考官，在科举制度实行后，并不稀奇，但在科

举制度形成前，恐怕最早的就是汉武帝了。

汉武帝的另一个创举是设立太学。武帝在长安城外，兴建学校，名为太学，太学学生入学后免除本人徭赋。这些人学成经考试后，按等第录用。武帝还令天下郡国皆立学校官，初步建立了地方教育系统。太学和郡国学主要是培养封建官僚，但是在传播文化方面，也起了重要作用。

察举制的实行和太学的建立，使大官僚和大豪富子嗣垄断官位的局面有所改变，一般地主子弟入仕的门径比过去宽广了一些，少数出自社会下层的人，也得到入仕的机会。在这种新的制度下，皇帝通过策问（见对策）和考试，可以在较大的范围内按自己的意旨选择称职的官吏。这对于网罗人才，加强皇权统治，也具有重大的作用。

铜奔马，甘肃武威雷台汉墓出土

以吏为师

秦代实行"以法为教,以吏为师"的教育制度。吏师除以博士官充任外,多由各级官吏充任。早在西周时期,古代典章文物,皆执掌于官府;礼、乐、射、舞器,都藏于宗庙。民间无书无器,教育非官莫属,非官莫能。当时也是学在官府,官师合一。到春秋战国时期,官学衰落,私学兴起,教育冲破了"以吏为师"的局限。历史发展到秦代,统治者为了控制舆论,束缚人们的思想,又在全国确立了"以吏为师"的吏师制度。

罢黜百家,独尊儒术

秦始皇使天下车同轨、书同文、行同伦,但没有制定出一套道德规范体系。

汉武帝在第一次命令举"贤良"的时候,丞相卫绾上奏:"所推选的贤良,其中有以申不害、韩非、苏秦、张仪的学说为业的,他们只能扰乱国政,请将这些人罢免。"

董仲舒在对策中系统论述了"罢黜百家,独尊儒术"的必要。他说:《春秋》讲大一统,这是千古以来天经地义的事。现在做老师的各执不同的学说,要旨各异,互相参差抵牾,这样,统治者的治国思想无法统一,臣民不知所守,因此,凡是不属于孔子学说的言论,都有断其根竭其源的必要,杜绝他

漆奁彩绘车骑出行图。器高 19.1 厘米,口径 15 厘米。中国国家博物馆藏

1941 年在湖南长沙砂子塘一座西汉墓中出土。这件作品运用了当时出现的新的漆画技法——粉彩,显得色彩十分鲜艳明丽,是西汉漆器绘画艺术的代表性作品之一

历史的兴衰

轺车出行

汉代的马车类型较多,以轺车最为常见。轺车是一种轻便、快速的小车,多由一匹马拖拉,也有二马、三马拖拉的。轺车由战国时的兵车演变而来,车顶有伞盖,四面空敞。汉代轺车一般为吏人用车,汉画像石、画像砖中所见轺车,多为车上乘坐两人,其中一人为御者

知识窗

汉代画像石

汉画像石是汉代民间艺人雕刻在墓室、棺椁、墓祠、墓阙上的以石为地、以刀代笔的石刻艺术品。据研究者称,现已发现汉画像石 1 万块左右。

"汉制使天下诵《孝经》,选吏举孝廉",为死者建造墓、阙、祠堂是孝的表现。这是汉画像石得以产生的思想基础。汉初休养生息,汉武帝经济达及全盛,雄厚的财富积累使得厚葬蔚成风气。铁的时代的到来,为雕造画像工具提供了前提。这是汉画像石得以产生的物质基础。

汉画像石的内容丰富多彩:有描绘车骑出行、迎宾拜谒、乐舞杂技、捕鱼田猎的;有历史故事,如周公辅成王、荆轲刺秦王、仓颉造字、孔子见老子;有神话传说,如抟土造人、炼石补天、玉兔捣药、神兽守鼎等。

汉代画像石对于研究汉代的建筑、雕刻、绘画具有很大价值。

们与儒家争道。这样,邪谈怪论便会消声,天下准则归一,人们便知道听谁的信谁的了。"

建元五年(公元前136年),汉武帝设置五经博士,儒家经学在官府中地位上升。第二年,好黄老之学的窦太后去世,武帝起用好儒术的田蚡为相。田蚡把不治儒家五经的太常博士一律罢黜,把好黄老刑名百家之言的人排斥在官学之外,并且以优厚的待遇和重礼延揽儒生数百人。这就是有名的"罢黜百家,独尊儒术"。

独尊儒术以后,官吏主要出自儒生,儒家被定为一尊,统治中国达2000年之久。

北击匈奴

自殷周以来,匈奴一直侵扰中原王朝的北方边境。秦末汉初,匈奴在冒顿单于的统治下,国力强盛,统治区域东起朝鲜边界,横跨蒙古高原,向南则伸延到河套地区。从汉高祖开始,到惠帝、文帝、景帝,为缓和同匈奴的关系,采取"和亲"政策,但匈奴还是经常骚扰西北边疆,掠夺人口和牲畜,践踏那里的庄稼,边疆鲜有宁日,对西汉王朝构成了严重的威胁。

汉武帝刘彻即位后,改变了前几位皇帝对匈奴的政策,转而强硬,先后发动3次大规模的战役,均告大捷,给匈奴毁灭性的打击,使一度强悍的匈奴铁骑消失在历史尘烟之中。

第一次北击匈奴是在公元前

匈奴王金冠

历史的兴衰

马踏匈奴

花岗岩制品，高168厘米，长190厘米，约创作于公元前117年（西汉时期），原立于陕西兴平县道常村西北的霍去病墓前。

作品表现一匹昂首屹立的战马，既警惕又安详；仰卧马下的匈奴首领，挣扎着露出绝望的神情，更反衬出马的英雄气概，构图别具匠心，造型特征鲜明。作品以战马象征西汉政权的声威和霍去病的战功

127年，汉武帝派车骑将军卫青率领4万大军从云中（今山西境内）出发，采用"迂回侧击"的战术，完全控制了河套地区。因为这一带水草肥美，形势险要，汉武帝在此修筑朔方城（今内蒙古杭锦旗西北），设置朔方郡、五原郡（内蒙古五原），从内地迁徙10万人定居。这样，不但解除了匈奴骑兵对长安的直接威胁，也建立起了进一步反击匈奴的前方基地。

第二次在公元前121年，骠骑将军霍去

汉代兵马俑

相关链接

酒泉的传说

酒泉市位于中国西北,"北通沙漠,南望祁连,东迎华岳,西达伊吾",是丝绸之路河西之旅的重要一站。秦汉以前,这里不称酒泉。前121年,汉武帝派霍去病进军河西,把匈奴残部逐出到玉门关外。汉武帝遣使赐御酒前来犒赏,因酒少人多,遂将酒倒入泉中,众将士共饮,故更名酒泉。也有说酒泉以"城下有泉""其水若酒"而得名。

病奔驰千余里,歼灭匈奴4万余人,匈奴浑邪王率众数万人投降。为巩固胜利战果,经营河西,安定边疆,汉武帝先后在河西设置武威、酒泉、张掖、敦煌四郡。同时,又建玉门关、阳关,史称"列四郡据两关"。

第三次在公元前119年,卫青、霍去病各统领50000骑兵,越过漠北远追匈奴。卫青领军渡过大漠,行军千余里后,遇见匈奴,扎环状营,以兵车自卫,然后命5000骑兵去单于阵中挑战,与万骑单于骑兵发生激战。

玉门关汉代残长城

玉门关位于敦煌市西北约90千米处。汉元狩二年(公元前121年)置。西汉时为玉门都尉治所。玉门关是中原前往西域的重要关隘和军事据点,又是丝绸之路北道的必经之地。西域的和田美玉,经由玉门关源源不断地输入中原地区,玉门关也以此得名

历史的兴衰

汉代错金银鸠杖首。陕西西安市区出土，西安市文物库房藏

鸠杖，又叫王杖，因杖首为一圆雕鸠鸟形象而得名。王杖是朝廷授予70岁以上老人的一种权利性凭证，鸠鸟是一种敬老尊老的象征物

匈奴溃逃远遁。为确保西北边境的安全，汉武帝又开始筑新长城，自敦煌郡起，东接秦长城。每隔5里、10里，设烽火台，派戍卒驻守。

击败匈奴后，汉朝从内地大量移民，督戍卒屯田，鼓励开荒种地，国家供给耕牛、农具、种子和衣服、口粮，直到能自给为止。数万汉人来到河西，强大的汉文化从此成为河西地区占主导地位的文化，特别是带来了内地的生产技术，为发展河西起到了举足轻重的作用。所以，从汉武帝到西汉末年的百余年间，河西地区一度出现"边城晏闭，牛马布野"的繁荣景象。

如果说秦始皇赋予了国家领土表面上的统一，那么汉武帝不仅将这一表面上的统一凝固化、持久化，还使国家天下的概念深入人心。

相关链接

王杖制度

关于汉代授予老年人王杖的制度,史书记载较简略,但武威磨嘴子出土的《王杖诏书令》较为完整、详细。全文近600字,用27枚木简抄成。《王杖诏书令》规定:给"年七十以上"高龄者"赐王杖"。王杖杖头饰鸠鸟,以方便百姓远远能"望见之";鸠杖与朝廷使用的符节一样,是一种重要的凭证和地位的标志。持杖者的地位与"六百石"的官吏相同,可"出入官府节第,行驰道中";经商不收税;有吏民"敢骂欧詈辱者",按"逆不道"之罪论处。《王杖诏书令》,实际上是一部完整的汉代"老年人权益保护法"。

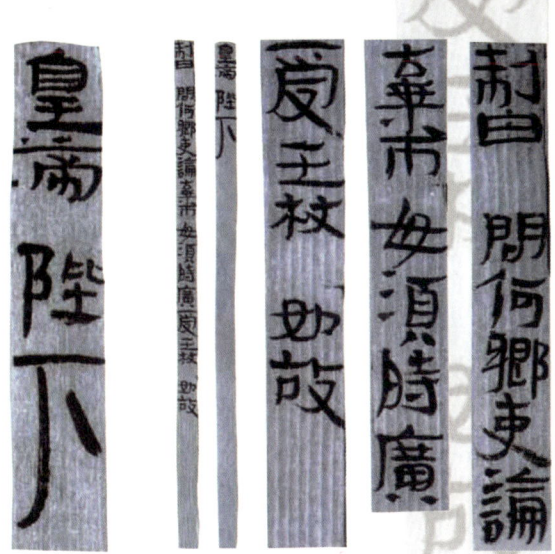

武威王杖诏令册。此册约成于西汉成帝时期。它提供了汉代王杖诏书的格式,显示了诏书书体的特点。其字形普遍方正整饬,结体宽博,有官方文书矜持的风度

历史的兴衰

司马迁与《史记》

司马迁（前 145 或前 135—前 87）像，西汉史学家、文学家

司马迁，字子长，西汉左冯翊夏阳（今陕西韩城南）人。少年时跟随父亲司马谈读书，并拜师于董仲舒等当时大儒。其父司马谈于汉武帝时期出任太史令，掌管皇家图书。司马谈一直想编写一部古今通史，但因故未能如愿，去世前他要司马迁完成自己的愿望。

司马谈死后 3 年，司马迁继承父亲的职务，当上了太史令。那时，他已经是一位非常博学的人了，且从此又可以阅读外面看不到的书籍和重要资料。司马迁牢记父亲遗志，决心效法孔子编纂《春秋》，写出一部同样能永垂不朽的史著。由于当时的藏书和国家档案杂乱无序，司马迁必须从一大堆的木简和绢书中找线索，去整理和考证史料。司马迁几年如一日，几乎天天都埋头整理和考证史料。正当他开始动笔撰写《史记》的时候，一场横祸从天而降。

彩绘陶女舞俑

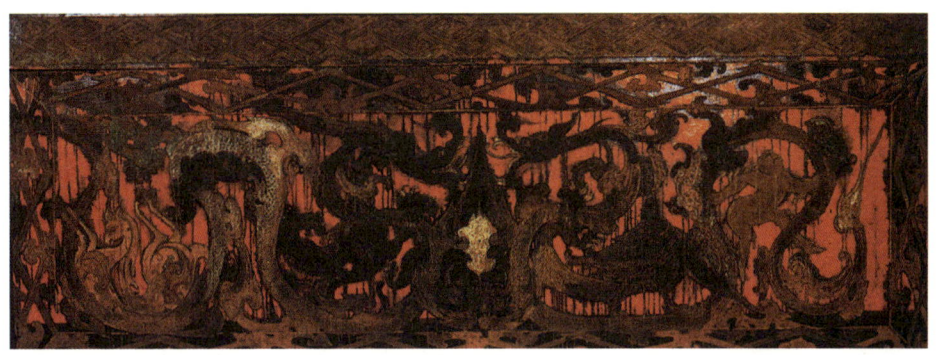

朱地彩绘棺，湖南长沙马王堆西汉贵族墓葬出土

因直言而受宫刑

公元前99年夏，汉武帝派李陵带领步卒5000北击匈奴，遭遇匈奴80000骑兵的围追，李陵奋力拼杀，经过8昼夜的战斗，斩杀1万多匈奴骑兵，但由于他得不到主力部队的后援，结果弹尽粮绝，被迫投降。

李陵兵败被俘的消息传到长安，汉武帝愤怒万分，满朝文武官员察言观色，趋炎附势，大多附和汉武帝，指责李陵。汉武帝询问太史令司马迁的看法，司马迁却尽力为李陵辩护。他认为李陵平时孝顺母亲，对朋友讲信义，对人谦虚礼让，对士兵有恩信，常常奋不顾身地急国家之所急，有国士的风范。李陵勇敢

西汉对舞玉人

历史的兴衰

金兽，西汉

善战，在敌我兵力相差10多倍的情况下重创匈奴，以5000敌80000，并斩万余，是有功劳的。他之所以没有死在战场上，而投降了匈奴，一定是想寻找适当的机会再报答汉室。

司马迁的直言触怒了汉武帝，被关进大牢。不久，有传闻说李陵率匈奴兵开始攻打汉朝了。汉武帝草率地处死了李陵的母亲、妻子和儿子。司马迁也因此被判了死刑。

据汉朝的刑法，死刑有两种减免办法：一是拿钱赎命，二是接受"腐刑"保命。司马迁无钱赎罪，又不想"伏法而死"，为了完成父命（写完《史记》），毅然选择了腐刑。

相关链接

古代五刑

《尚书·吕刑》称为墨、劓、非、宫、大辟。

《周礼·司刑》称为墨、劓、宫、刖、死。

墨刑：亦称"黥"。在犯人面部或额上刺刻后涂以墨。秦以前对妇女不用"墨"，秦则男女一律。汉文帝除肉刑，此刑废。以后间或使用。

劓刑：割掉犯人鼻子的刑罚。始于商周，汉文帝时废。以后间或使用，隋以后不见刑典。

非刑：亦称"刖"。断犯人之足。魏晋以下，不见于刑典。一说即"膑"，切去膝盖骨。

宫刑：亦称"腐""椓"。用刀子剜掉受刑男子的睾丸、闭塞女子生殖器。最初用于惩罚淫罪，后来也适用于谋反、叛逆等罪。隋律废除。

大辟：商、周、春秋、战国等时期死刑的统称，五刑之最。执行的方式常见的有：枭首、腰斩、剖腹、车裂、焚等等。

发愤著史

太始元年（公元前96年）司马迁获释，出狱后任中书令，他忍辱含垢，继续写作《史记》。依据《尚书》《春秋》《左传》《国语》《世本》《战国策》等诸子百家的著述，官府所藏的典籍档案，以及亲自考察访问得来的资料，经十余年努力，终于著成"究天人之际，通古今之变，成一家之言"的《史记》。

《史记》全书包括十二"本纪"，三十"世家"，七十"列传"，十"表"，八"书"，共五个部分，约52万6千多字。记叙了上自黄帝下至汉武帝太初年间，共计3000多年的历史。

司马迁由于身陷囹圄、遭受宫刑，不再把修史仅仅看作是冷静的历史总结、对西汉盛世的赞颂，而是把自己更多激愤之情融入笔端，借历史人物抒发自己对社会的爱憎，表达自己对历史事件的感慨。司马迁修史过程中前后心态的巨大变化，完全延伸到《史记》之中，使《史记》中的人物立体化、人性化，使史书读来不"死"，使古人读来不"古"。

西汉长信宫灯，河北满城中山靖王刘胜和妻子窦绾的墓出土

长信宫灯，为外貌温顺的宫女跪坐捧灯的形象，左手执灯盘，右臂上扬，袖口下垂，作为灯罩。灯盘中心可插蜡烛，灯盘外围安装可以开合的弧形屏板，以调节灯光照明方向和照明幅度，宫女体内中空，烟尘可通过右袖通道收入体内，以保持室内环境的清洁。灯盘及宫女头部等部件皆可拆卸，方便擦拭清除灯内的烟尘。此灯原系汉宫之物，通体鎏金，分外华贵，显示出极高的工艺水平

历史的兴衰

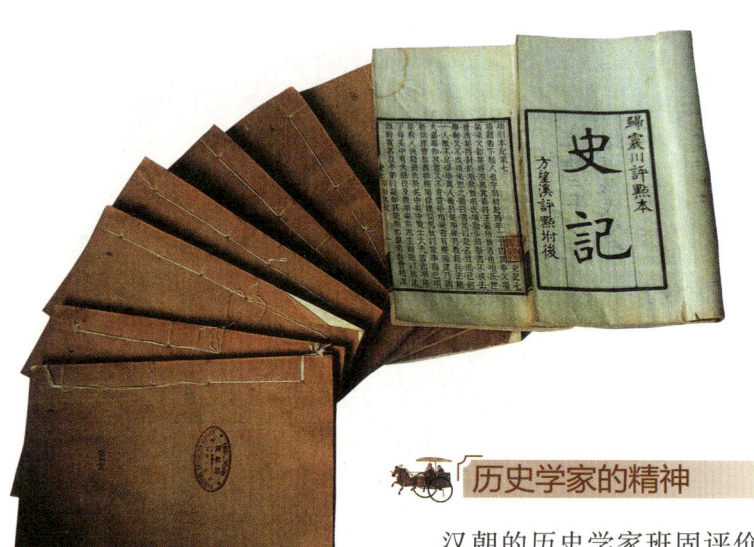

《史记》书影

历史学家的精神

汉朝的历史学家班固评价司马迁的《史记》,"其文直,其事核,不虚美,不隐恶,故谓之实录"。也就是说,司马迁秉笔直书,据实而写,不阿谀奉承,不惧恶掩丑,这也正是中国史学传统最受称道之处。

史家的"实录"精神可嘉但难做,司马迁做到了,他在给人物作传记时,并不为传统历史记载的成规所拘束,而是按照自己对历史事实的观察、理解去记录。在司马迁笔下,无论是当朝皇帝、还是古之圣贤,无论是王侯将相,还是地方长官,既写他们神奇、光彩的一面,又写腐朽、丑恶的一面。他虽为汉武帝的臣子,但对于汉武帝迷信神仙、祈求不死之药的荒谬行为毫不吝啬笔墨。

司马迁的实录精神,还体现在选取人物上,写谁?历史人物众多,选何人入史,他并不注重官职或社会地位,在他笔下写了许多游侠、商人、医生、倡优等下层人物,并以饱满的热情写了一些像项羽这样的失败英雄。

爱憎分明是司马迁又一值得称颂的精神。农民起义领袖陈涉,就是个普通农民,可司马迁将陈涉和古代有名的帝王——商汤和周武王相提并论。司马迁还对置自身性命于不顾的刺客以及见义勇为的游侠进行大胆地歌颂。

《史记》的叙事简明生动,尤其是富有戏剧性场景的描写,更增加了作品的吸引力。司马迁极少用排比铺张的骈文,而形成了自己朴素简练、通俗流畅,既舒缓从容、庄谐有致,又富于变化

司马迁祠

司马迁祠墓位于陕西韩城市南10千米芝川镇东南的山岗上,东西长555米,南北宽229米,面积4.5万平方米。司马迁祠墓始建于西晋(310),"夏阳太守殷济,瞻仰遗文,慕其功德,遂建石室,立碑,树柏。"祠的北侧,断崖壁立,高约百米。祠院四周都是用砖砌起的数仞高的垛墙,远瞻俯瞰,备极雄伟。院内有数十株参天古柏,再加上竞芳花木,充分显示司马迁的伟大人格与万代名香

的语言风格。《史记》的语言历来被奉为"古文"的最高成就,被评价为"史家之绝唱,无韵之《离骚》"。

昭君出塞

汉宣帝时,匈奴5个单于分立,互相攻打不休。其中一个单于名叫呼韩邪的决心跟汉朝和好,亲自带着部下来朝见汉朝皇帝。汉宣帝亲自到长安郊外迎接。呼韩邪单于返回漠南时,汉宣帝派1万名骑兵护送,并送34000斛(古时候10斗为1斛)粮食。呼韩邪单于十分感激,一心和汉朝和好。西域各国听到匈奴和汉朝和好了,也都争先恐后地同汉朝打交道。

公元前33年,呼韩邪单于再一次来到长安,朝拜新皇帝汉元帝,要求同汉朝和亲。

汉元帝吩咐人到后宫传话:"谁愿意到匈奴去,皇上就把她当公主看待。"宫女们听说要离开后宫到大漠去,没有人报名。有个宫女叫王昭君,报名到匈奴去和亲。

王昭君在汉朝和匈奴官员的护送下,千里迢迢地到了匈奴,做了呼韩邪单于的阏氏。匈奴人都喜欢她,尊敬她。

王昭君远离自己的家乡,长期定居在匈奴。她劝呼韩邪单于不要进攻汉朝,还把中原的文化传给匈奴。从此,匈奴和汉朝和睦相处,60多年没有发生战争。

《昭君出塞图》,明代仇英绘

丝绸之路

丝绸之路，是指西汉时，由张骞出使西域开辟的以长安（今西安）和洛阳为东起点，经甘肃、新疆，到中亚、西亚，并联结地中海各国的陆上通道。因为由这条路西运的货物中以丝绸制品的影响为最大，所以，人们将这条路称为丝绸之路。

这条路几乎是世界上最为坚硬与难走的道路。这里是亚洲内陆地区，气候异常干燥，降雨量极其稀少。高山、高原、沙漠和戈壁滩是这条路的关键词，魔鬼般的雅丹地貌，隐藏着魔鬼般的危险……

早在远古时期，虽然人类面对着难以想象的天然艰险的挑战，但是欧亚大陆东西之间并非像许多人想象中那样地隔绝。在尼罗河流域、两河流域、印度河流域和黄河流域之北的草原上，存在着一条由许多不连贯的小规模贸易路线大体衔接而成的草原之路。这一点已经被沿路诸多的考古发现所证实。

丝绸之路示意图

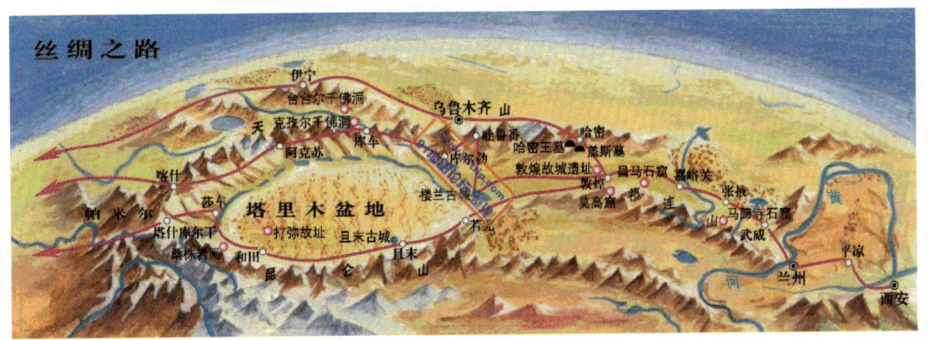

这条路就是最早的丝绸之路的雏形。

虽然丝绸之路是沿线各国共同促进经贸发展的产物,但人们习惯认为,中国的张骞两次通西域,开辟了中外交流的新纪元,并成功地将东西方之间最后的珠帘掀开。从此,这条路线被作为"国道",由各国商人踩了出来。

丝绸之路

相关链接

郎

秦汉时皇帝宫殿门户的守卫者,魏晋以后的官号。汉初有郎中、中郎,以后有侍郎和议郎,郎或郎官是其总称。郎平时持戟戍卫殿门、殿廊,大朝会时立于殿阶两旁,皇帝出行则充车骑扈从,只有议郎不参与值卫。郎的主管者为郎中令。西汉时郎无固定员数,多至千人。

魏晋以后,郎渐成中央官署的官号。尚书省、中书省、门下省、秘书监、太常等官署之中皆设郎官,如侍郎、郎中、员外郎等。郎之权力轻重、秩品高低因时而异。

张骞初通西域

汉武帝从投降的匈奴人中了解一点西域(今新疆和新疆以西一带)的情况。匈奴人说,有一个月氏国的国王,在和匈奴交战中被砍下了头,大月氏人向西逃去,定居在西域一带,他们一心想为国王复仇,却苦于找不到联合的对象,仅凭自己的力量又打不过匈奴。汉武帝听后,眼睛为之一亮,心想,如果汉朝跟月氏人联合,夹击匈奴,匈奴灭亡的日子不就不远了吗?于是,汉武帝下诏,征募使者出使月氏国。

宫廷里有个年青的郎中叫张骞,首先应募。他一带头,100多勇士应募。还有个在长安的匈奴族人叫堂邑父,也愿意跟随张骞去找月氏国。

公元前138年,张骞一行100人,从陇西出发联络月氏国。但到月氏,要经过匈奴控制的地区。张骞上路没几天,

张骞出西域图

就当了匈奴的俘虏。张骞在匈奴一待就是10年。这10年中，他娶了妻，也生了子，但始终未忘自己的使命。一天，张骞趁匈奴人不备，骑上快马闯进了大宛国（在今中亚细亚）。大宛王早就听说汉朝是个强盛的大国，得知汉朝使者去月氏，误入大宛，便派人护送他们到康居（约在今巴尔喀什湖和咸海之间），再由康居到了月氏。

月氏被匈奴打败后，迁到大夏（今阿富汗北部）附近。张骞在大月氏住了一年多，见到了大月氏女王。这女王就是

匈奴野兽纹金饰牌

汉马人武士壁挂，1983年出土于丝绸之路——新疆洛浦县山普拉古墓二号坑。新疆维吾尔自治区博物馆藏

这件人头马身武士壁挂，出土时缝接在一条裤子的两条裤腿上。用蓝、红、黄、黑色毛线编织而成。上下图案以红色条纹为界，上方蓝色地上，由四瓣花组成的菱格内织出人首马身的马人。马人双手持一长管乐器做吹奏状。马蹄腾空，尾曲折下摆。下方则在红色地上显出持长矛的武士形象，武士大眼、高鼻、厚唇、黑发，身穿花色纹彩圆领长衣。"马人"是希腊传说中的一个部族，在印度和中国新疆地区也流传有"人首马身"的神话传说。这一壁挂在一定程度上反映了当时中西文化交流的情况

前国王的妻子，自从国王被匈奴人杀害，她就被推举为王。她让自己的人民过上了安定的生活，离汉朝也太过遥远，不想因战争再起而破坏现在的安宁。张骞没能说服大月氏女王，只好东返。经过匈奴地界，又被扣押了一段时间，幸好匈奴

发生了内乱,张骞才逃回长安。

张骞离开长安13年才回来。汉武帝认为他立了大功,封他做太中大夫,秩比千石,掌议论。张骞向汉武帝详细报告了西域各国的情况。他说:"我在大夏看见邛山(在今四川省)出产的竹杖和蜀地(今四川成都)出产的细布。当地的人说这些东西是商人从身毒(现在的印度)贩来的。"他认为既然身毒可以买到蜀地的东西,一定离蜀地不远。

张骞再通西域

匈奴被卫青、霍去病打败后,逃往漠北。张骞向武帝建议,可召乌孙等国东来,填补匈奴漠南之空,以制约匈奴。汉武帝拜张骞为中郎将,带300人,每人备两匹马,赶着上

车骑人物图,汉代

万头牛羊和大量黄金、钱币、绸缎、布帛等礼物，再次出使西域。

张骞到了乌孙，受到乌孙国的热情接待，为了抓紧时间，张骞派副手们带着礼物，分别去联络大宛、大月氏、大夏、康居、安息、身毒、于阗等国。

公元前115年，乌孙王派了几十个人随张骞来到长安，还送了几十匹高头大马给汉朝。过了一年，张骞因病逝世。张骞派到西域各国去的副手也陆续回到长安。副手们把到过的地方合起一算，总共到过36国。

从那以后，汉武帝每年都派使节去访问西域各国，西域派来的使节和商人也络绎不绝。中国的丝和丝织品，经过西域运到西亚，再转运到欧洲，后来人们把这条路线称作"丝绸之路"。

自从张骞第一次出使西域各国，向汉武帝报告关于西域的详细形势后，汉朝对控制西域的目的由最早的抵制匈奴，变成了"布威德遍于四海"。为促进西域与长安的交流，朝廷招募了大量商人，利用政府配给的货物，到西域各国经商，极大地推动了中原与西域之间的物质文化交流。出于保证丝绸之路来往商人安全的考虑，公元前60年，汉宣帝设立了朝廷对西域的直接管辖机构——西域都护府。

以汉朝在西域设立官员为标志，丝绸之路这条东西方交流之路开始进入繁荣的时代。